Inhalt

Eleonore Burhenne

Trust & Praise

Eine Herzenshaltung, die dein Leben verändert

Vorwort

„Ermuntert einander mit Psalmen und Lobgesängen und geistlichen Liedern, und singt und spielt dem Herrn in euren Herzen **und sagt Gott, dem Vater, allezeit Dank für alles,** *im Namen unseres Herrn Jesus Christus, und ordnet euch einander unter in der Furcht Christi"* (Epheser 5,19-21; Lutherbibel; Hervorh. d. V.).

Gott allezeit danken? Und nicht nur das, Gott allezeit *für alles* danken? Das kann Paulus, aus dessen Feder diese Aufforderung stammt, doch nicht ernst gemeint haben – oder doch? Was zunächst unmöglich erscheint und in Anbetracht des Leides, das wir manchmal erleben müssen, nahezu provokant klingen mag, habe ich in vielen Situationen in meinem Leben so gebetet, wie Paulus es uns in diesen Versen ans Herz legt.

Als ich zum ersten Mal die Worte „Trust and praise" aus dem Mund einer alten, schottischen Dame hörte, war ich erst zwei Jahre Christin und in eine große persönliche Krise geraten. Ich war verzweifelt genug, um alles zu versuchen, Hauptsache, „es würde irgendwie helfen". Und so begann ich, Gott in der Krise und *für* die Krise zu danken.

Seitdem sind dreißig Jahre voller Höhen und Tiefen vergangen, in denen die Worte „Trust and praise" zu einer Art Lebensmotto für mich wurden. Wann immer ich mich der Herausforderung stellte, Gott auch in den Tiefen meines Lebens bedingungslos zu vertrauen und ihn *für* die Situationen zu loben, die er in meinem Leben zugelassen hatte, bin ich ihm lebendig begegnet. Mein Leben wäre sicher anders verlaufen, hätte ich nicht an meinen persönlichen Tiefpunkten die Flucht nach vorne angetreten: die Flucht in Gottes Arme, durch Vertrauen und Lobpreis. Ich hätte länger gehadert, wäre länger einsam, bitter oder verzweifelt gewesen und ich hätte Gott weniger erlebt.

So aber kann ich nur staunen über das, was Gott sehr konkret in meinem Leben getan hat, und wie sehr mein Vertrauen und meine Liebe zu ihm gewachsen sind. Auch in Krisen kann ich mich dazu entschließen, Gott zu loben und dabei an allen Wahrheiten festzuhalten, die er uns in seinem Wort offenbart hat. Und dann kann etwas Wunderbares geschehen: Wenn wir Gott selbst in schweren Situationen unbeirrt preisen, verwandelt der Heilige Geist unser Kopfwissen zu lebendigen, überfließenden Wahrheiten in unserem Herzen. Und weil nichts schöner ist, als von Gottes Gegenwart und Liebe erfüllt zu sein, möchte ich dich an meiner inneren Reise zu einer veränderten Herzenshaltung und intensiveren Gottesnähe teilhaben lassen.

Auf diese Weise möchte ich dich einladen, selbst die Herausforderung anzunehmen, Gott immer und überall zu loben, um eine tiefere Gemeinschaft mit ihm zu erleben – sogar im Leid.

Gott hat auf dieser Reise viel zu mir „geredet" – vor allem durch sein heiliges, kostbares Wort. Oft hat er aber auch durch andere Menschen zu mir geredet, durch Lieder, durch besondere Gedanken, die er mir schickte, sowie durch Träume und Bilder. Dabei ist es nicht entscheidend, welches Mittel er auswählt, um zu uns zu sprechen, sondern dass er unser Herz erreicht. Ein Wort aus der Bibel, das im Herzen brennt (vgl. Lukas 24,32), das lebendig und wirksam ist (vgl. Hebräerbrief 4,12), kann uns monatelang tragen und uns in unserem Leben festen Halt und Orientierung geben, wie es kein Traum oder Bild kann. Lobpreis öffnet unser Herz für Gottes Reden.

Ich bin sehr dankbar für dieses vielfältige Reden Gottes, vor allem dafür, dass er sogar in den Krisen zu mir redete, in die ich mich durch eigene Schuld selbst hineinmanövriert hatte. Ich bin nicht gerade stolz auf diese Erfahrungen, aber sie sind nun einmal ein Teil meiner Geschichte. Ich erzähle auch von diesen Krisen, um zu zeigen, dass Gott sogar daraus noch etwas Gutes entstehen lassen kann, wenn wir ihn um Vergebung bitten und ihn preisen. Um die beteiligten Personen zu schützen, habe ich alle Namen und Orte verfremdet. Ich hoffe, dass du auf dieser Reise – genauso wie ich – immer wieder ins Staunen über unseren lebendigen Gott kommst, vor allem darüber, wie sehr er Anteil an unserem ganz alltäglichen Leben und an unseren Krisen nimmt, und wie gern er ganz konkret eingreift, wenn wir ihm vertrauen und „ihn einfach machen lassen". Unser Lobpreis drückt dabei unsere bedingungslose Hingabe an ihn aus.

Persönliche Erfahrungen sind schön und gut. Aber haben sie auch ein biblisches Fundament? Ja, haben sie! Ich werde immer wieder zeigen, wie oft wir in der Bibel zu Lobpreis aufgefordert werden, und wie Gott sich den Menschen im Alten und Neuen Testament zeigt, wenn sie ihn loben und ihm vertrauen.

Bei diesem Thema kommt schnell die Frage auf, ob ich Gott denn tatsächlich immer loben *muss*. Vielleicht fragst du dich: Darf ich nicht einfach ehrlich vor ihm sein und ihm einfach nur mein Leid klagen? Und was mache ich, wenn ich aufgrund meiner Situation vielleicht überhaupt nicht mehr beten *kann*, weil mein Herz schon so traurig, so bitter oder verzweifelt ist, dass ich einfach nicht mehr darauf vertrauen kann, dass Gott mich hört und sich um mich kümmern wird? Sollte ich ihn in so einem Zustand dann wirklich noch loben „müssen"? Wäre das nicht absurd oder sogar grotesk?

Diesen Fragen werde ich vor allem im Kapitel „Zwischen Lobpreis und Klage" nachgehen und auch im Zusatzmaterial findest du weitere Antworten dazu.

Nur so viel sei vorab schon einmal gesagt: Selbstverständlich ist Klagen erlaubt. Natürlich dürfen wir vor Gott ehrlich unser Herz ausschütten. Und wenn wir das getan haben, wird uns der Heilige Geist helfen, Gott neu zu vertrauen, damit wir ihm in allem und trotz allem begegnen und irgendwann auch wieder loben können.

Außerdem ist es mir wichtig, schon an dieser Stelle zu betonen, dass Lobpreis in allen Lebenslagen kein „Muss" ist, um Gott nahe zu sein. Gott ist jedem Menschen jeden Tag einhundert Prozent mit seiner Liebe nahe. Lobpreis ist aber eine *Möglichkeit,* die den Weg bereitet, dass wir diese Nähe Gottes auch *wahrnehmen* können. Lobpreis ist wie ein goldener Schlüssel, den Gott in unsere Hände legt. Im Lobpreis öffnet sich eine Tür, durch die ich tiefer in Gottes Gegenwart trete.

Und so ist die oben genannte Herausforderung zugleich Gottes persönliche und liebevolle Einladung, dich vollkommen an ihn hinzugeben und dich in seiner Liebe zu bergen. Ich wünsche mir von Herzen, dass dir mein Buch dabei hilft, diese Einladung anzunehmen.

Eleonore Burhenne

Ein seltsames Gebet oder: Wie alles begann

„Meine Gnade ist alles, was du brauchst! Denn gerade wenn du schwach bist, wirkt meine Kraft ganz besonders an dir" (2. Korinther 12,9).

Voller Erwartungen brach ich nach meinem Grundstudium der Anglistik nach Schottland auf, um dort ein Jahr als „assistant teacher" (Hilfslehrer, der im Ausland Schüler in seiner Muttersprache unterrichtet) zu arbeiten, Land und Leute besser kennenzulernen und meine Englischkenntnisse zu vertiefen. Meine Wunschliste an Gott war lang: Ich wollte gut mit den Schülern klarkommen, mich mit dem Kollegium verstehen, neue Freunde finden, viel herumreisen, in den schottischen Highlands wandern – und ich wollte Gott besser kennenlernen.

Zwei Jahre zuvor hatte ich erfahren, dass Jesus Christus tatsächlich der lebendige Gott ist, und hatte ihm daraufhin mein ganzes Leben zu Füßen gelegt. Ich hatte ihm im Gebet dafür gedankt, dass er am Kreuz für mich gestorben ist, und ihm gesagt, dass von nun an mein ganzes Leben ihm gehören und er mein Gott, mein König und mein Herr sein sollte.

Die Freude und Begeisterung darüber, dass Jesus *wirklich* lebendig ist und auf meine Suche nach ihm geantwortet hatte, wich viele Wochen nicht aus meinem Herzen. Ganz allmählich trat sie jedoch wieder in den Hintergrund und der Alltag kehrte in meinem Glaubensleben ein.

Obwohl ich weiterhin durch Gebet mit Jesus in Kontakt war, vermisste ich die anfangs so intensiv gespürte Nähe zu ihm. Natürlich wusste ich, dass Gott immer bei mir ist und sogar in mir lebt und dass es nicht auf meine Gefühle ankommt, sondern auf seine treuen Zusagen, die wir in der Bibel nachlesen können. Und doch wuchs meine Sehnsucht nach weiteren tiefen Begegnungen mit diesem lebendigen Gott.

Also betete ich immer wieder: „Herr, ich möchte dich besser kennenlernen!"

Ich war glücklich in Schottland, kam alles in allem gut zurecht mit den Schülern und hatte nette Kollegen. Gott schenkte es, dass ich gleich zu Beginn meines Schottlandjahres auf jemanden traf, der mir den Kontakt zu einem kleinen schottischen Wanderverein vermittelte. Wie ich es mir gewünscht hatte, war ich viele Wochenenden mit einer kleinen Gruppe geübter Bergsteiger in den schottischen Highlands unterwegs.

Brenda, eine Bergsteigerin aus dieser Gruppe, wurde bald zu einer guten Freundin. Ab und zu fuhren wir auch nur zu zweit in die Highlands und unternahmen schöne Touren zusammen.

So konnte ich viele begeisterte Dankgebete an Gott schicken. Nur eine wichtige Sache von meiner Wunschliste hatte Gott mir noch nicht geschenkt: Ich hatte ihn noch nicht besser kennengelernt. „Herr, wo bist du in dem allen?", fragte ich oft. „Ich danke dir für so viele schöne Tage, aber wo bist du?"

Ich war weiter viel in den Bergen, und an einem dieser

Wochenenden tauchten Jack und Kevin auf, zwei befreundete Bergsteiger und Mitglieder des Vereins, die nach der Winterpause nun immer öfter dabei waren. Kevin war acht Jahre älter als ich, einfühlsam, witzig und ein guter Erzähler. Er kannte sich in der englischen und amerikanischen Literatur aus und liebte nicht nur die Berge, sondern auch Gedichte – er schrieb sogar selbst welche. Er konnte meinen vierzehn Jahre alten Austin Allegro mit vom Schrottplatz gekauften Ersatzteilen reparieren, nahm mich mit auf Klettertouren und kochte das beste Chicken Curry der Welt. Wir verstanden uns auf Anhieb und uns ging nie der Gesprächsstoff aus. Irgendwann lud Kevin mich ein, seine Frau Laurie und ihre gemeinsamen kleinen Söhne Allan und Duncan kennenzulernen. Er nahm mich mit auf seine Heimatinsel und zeigte mir dort einige der spektakulärsten und wildesten Berge Schottlands. Laurie und die Jungs waren nur selten dabei, weil die Touren zu anstrengend für die Kleinen im Kindergartenalter waren.

Eines Tages gestand mir Kevin, dass er sich hoffnungslos in mich verliebt hatte; dass er verzweifelt war, weil ich nun bald nach Deutschland zurückfahren würde und er mich dann nicht mehr würde sehen können. Ich war völlig geschockt. Hilflos und panisch fragte ich mich, wie ich nur so blind hatte sein können. Ich hatte Kevin als liebevollen Vater und ehrlichen Ehemann wahrgenommen und mir nichts dabei gedacht, als er mir sein Land gezeigt oder mir netterweise mein Auto repariert hatte. Ich hatte in Schottland schließlich schon sehr viel Gastfreundschaft und Hilfsbereitschaft erfahren und stufte Kevins Verhalten deshalb in dieselbe Kategorie ein. Dass er Gefühle für mich entwickelt hatte, hatte ich nicht bemerkt. Niemals hatte er mit einem Wort oder einer Geste eine Grenze überschritten.

Entsetzt fragte ich ihn nach seinem Geständnis, ob seine Frau

denn davon wüsste. Er verneinte und sagte dass er sie nicht verletzen wolle.

In diesem Augenblick wurde mir klar, dass wir uns nun nicht
mehr würden sehen können – auf keinen Fall mehr zu zweit,
wenn überhaupt, dann nur noch in der Gruppe. Die Tage wurden länger und das Wetter freundlicher. Fast
jedes Wochenende traf sich nun eine Handvoll Bergsteiger zum
Wandern in den Highlands. Wenn Kevin dabei war, vermieden
wir intensivere Gespräche. Und ich musste mir eingestehen,
dass ich über diese Distanz zwischen uns traurig war. Wenn Kevin nicht dabei sein konnte, war ich enttäuscht. Mein
Herz wurde schwer, als mir klar wurde, wie sehr auch ich an
ihm hing – und dass ich noch nie jemanden getroffen hatte, mit
dem ich mich so gut verstanden hatte und der mir das Gefühl
gegeben hatte, total angenommen zu sein. Niemand hatte mich
so sehr zum Lachen gebracht wie er und selten hatte ich mich
mit jemandem so intensiv und tief gehend ausgetauscht. Ich
vermisste ihn jetzt schon und fühlte mich zugleich schuldig.
Ich wünschte, wir hätten zu unserer unbefangenen und unkom-
plizierten Freundschaft zurückkehren können. Und ich fühlte
mich sehr allein.

Noch heute bedauere ich zutiefst, was dann passierte. Ein
weiteres Wanderwochenende war geplant, und wie üblich bilde-
ten wir Fahrgemeinschaften, um zum Einstiegsort zu gelangen.
Meine Freundin Brenda und ich wollten zusammen fahren, und
ich hatte angeboten, meinen Wagen zu nehmen.

Kurz vorher fragte mich Kevin, ob wir ihn ebenfalls mitnehmen könnten, da seine Frau das Auto an diesem Tag brauchte.
Ich spürte, es war ihm unangenehm, aber tatsächlich hätten alle
anderen Teilnehmer einen großen Umweg fahren müssen, um ihn
abzuholen, während wir ohnehin fast bei ihm vorbeifahren würden. Da ich wusste, dass Brenda dabei sein würde, stimmte ich zu.

Wir brachen spät an einem Freitagabend auf. Es regnete heftig und schien überhaupt nicht mehr aufzuhören. Nachdem wir schon gute zwei Stunden gefahren waren, hielten wir kurz an auf einer kleinen Straße mitten in den Highlands. Wir waren uns nicht mehr sicher, ob wir noch auf der richtigen Route waren. Navis gab es damals noch nicht und übrigens auch noch keine Handys. Also studierten wir die Karte und wurden uns nicht darüber einig, ob wir den richtigen Abzweig bereits verpasst hatten oder nicht.

Inzwischen war es stockdunkel, deshalb beschlossen wir, der Straße erst einmal weiter zu folgen, bis wir zum nächsten Ort kämen. Umkehren könnten wir schließlich immer noch. Als ich meinen Austin wieder starten wollte, gab er keinen Mucks von sich. Jeder Versuch, ihn zum Laufen zu bringen, schlug fehl. Kevin stieg aus und schaute sich bei strömendem Regen mit einer Taschenlampe den Motor an, aber diesmal konnte auch er nicht helfen. Wir waren liegen geblieben, bei völliger Dunkelheit, mitten im Nirgendwo.

Während der Regen aufs Dach prasselte, versuchten wir, etwas zu schlafen. Vielleicht würde in den Morgenstunden das eine oder andere Auto diese Straße entlanggefahren kommen und wir könnten jemanden um Hilfe bitten. Im Moment blieb uns jedoch nichts anderes übrig, als bis dahin abzuwarten. Es dauerte nicht lange und Brenda war eingeschlafen. Ich hingegen war viel zu unruhig, um Schlaf zu finden. Ich spürte, wie Kevin mich ansah. Und dann berührten sich unsere Hände.

Wir hatten eine Grenze überschritten und Zärtlichkeiten ausgetauscht. Ich war verzweifelt. Auch wenn es längst nicht bis zum Äußersten gekommen war, wusste ich, dass unser Verhalten in Gottes Augen Sünde war. Außerdem hatte ich große Angst vor Lauries Schmerz, wenn Kevin ihr sagen würde, dass er sich in mich verliebt hatte. Doch ich hatte genauso Angst davor, mich endgültig von Kevin zu verabschieden, und ich brachte es nicht übers Herz, ihm zu sagen, dass ich ihn nicht einmal mehr in der Gruppe sehen wollen würde. Ich hatte Sehnsucht danach, in seiner Nähe zu sein, und der Gedanke an den näher rückenden Abschied im Sommer wurde unerträglich.

Ich war fassungslos über mich selbst, dass ich Kevin so viel Raum in meinen Gedanken und Gefühlen gegeben hatte, obwohl ich doch Jesus von ganzem Herzen lieben wollte.

Und so schlingerten wir die nächsten Wochen hin und her zwischen Nähe und Distanz, zwischen sich gar nicht mehr sehen und erneuten Treffen zu zweit – jedoch immer mit dem festen Vorsatz, die Grenzen zu wahren. Denn sich zu sehen, aber sich nicht nahe sein zu dürfen, erschien uns immer noch besser, als sich überhaupt nicht mehr zu treffen, bevor ich für immer nach Deutschland zurückgehen würde.

Bei einem unserer Treffen sprach Kevin sogar davon, dass er mich heiraten wollte. Welch furchtbares Leid würde es für Laurie und seine beiden kleinen Söhne bedeuten, wenn er sich von seiner Familie abwenden würde! Ich sagte Kevin, dass Gott unsere Verbindung niemals gutheißen würde, weil eine Ehe dafür zerstört werden müsste. Kevin, der nicht an Gott glaubte, stellte zornig fest, dass mein Gott zwischen uns stand.

Trotz aller guten Vorsätze tauschten wir erneut kleinere Zärtlichkeiten miteinander aus. Danach war ich am Boden zerstört und bereute bitterlich. Ich war nach Schottland gekommen, um Gott besser kennenzulernen, und nun hatte ich mich weiter von ihm und seinen Geboten entfernt, als ich es je für möglich gehalten hätte.

Auf dem Hügel, auf dem ich wohnte, stand eine kleine katholische Kirche. Ich suchte sie oft auf, um zu beten. Als Kind war ich katholisch getauft worden, kannte den Kommunion- und Firmungsunterricht und die Beichte. Mit dem festen Entschluss, einen Schlussstrich zu ziehen, suchte ich die kleine Kirche auf, um zu beichten. Anschließend sagte ich Kevin, dass wir uns nun endgültig nicht mehr sehen würden. Außerdem forderte ich ihn auf, alles Laurie zu erzählen, damit nichts zwischen ihnen stünde. Er betonte erneut, er würde sie nicht verletzen wollen, aber er wisse einfach nicht, wie er ohne mich weiterleben solle. Er erzählte, dass er aus Verzweiflung begonnen hatte, ohne Seil und Sicherung zu klettern.

Eine große Angst überkam mich. Nun hatte ich endlich das einzig Richtige getan, aber es ging mir schlechter als vorher. Ich wusste nicht, was Kevin in seiner Verzweiflung als Nächstes tun würde, zumal er ja nicht einmal Gott hatte, zu dem er in seiner Verzweiflung hätte kommen können. Auch meine tiefen Gefühle für Kevin waren noch immer vorhanden. Ich weinte viel. Und immer wieder suchte ich die stille kleine Kirche auf, um zu beten und etwas Frieden in mein Herz hineinzulassen.

Bei einem meiner Kirchenbesuche traf ich Rose. Sie war eine zarte alte Dame und kümmerte sich um die Blumen im Altarraum. Ich hatte sie zuvor schon ein- oder zweimal gesehen, aber bisher nie mit ihr gesprochen. An diesem Nachmittag kam sie zu mir und stellte sich mir vor. Sie erzählte, dass sie und ihr Mann eigentlich aus Polen kamen, doch dass sie seit dem Zweiten Weltkrieg mit ihrer Familie in Schottland lebten. Am Ende unseres kurzen Gesprächs lud sie mich ein, an den Frühgottesdiensten teilzunehmen. Sie fanden täglich statt und wurden zusammen mit den Mönchen des kleinen Klosters gefeiert, zu dem die Kirche gehörte.

Die Gottesdienste begannen früh genug, um trotzdem noch pünktlich in der Schule sein zu können, also entschloss ich mich, regelmäßig an ihnen teilzunehmen.

So traf ich Rose nun öfter. Sie bemerkte bald, wie traurig ich war, und fragte mich, ob sie mir helfen könne. Ich konnte ihr darauf keine Antwort geben und musste einfach nur anfangen zu weinen. Wie sollte ich es fertigbringen, die ganze furchtbare Geschichte meines fast begangenen Ehebruchs über die Lippen zu bringen?

Doch Rose wartete geduldig, bis ich mich gefangen hatte und endlich wieder sprechen konnte. Ich beschönigte und verschwieg nichts und erzählte ihr am Ende von meiner großen Angst, was nun aus Kevin und seiner Familie werden würde. Durch meine Schuld würde seine Familie vielleicht ganz zerbrechen.

Rose hatte mir die ganze Zeit über aufmerksam zugehört. Ihr ganzes Gesicht strahlte Güte und Liebe aus, während ich am liebsten vor Scham im Erdboden versunken wäre. Schließlich sagte sie mit ihrer sanften Stimme: „Satan wollte großes Unheil über dich bringen und Kevins Familie zerstören. Aber Gott ist absolut souverän und auch jetzt noch Herr der Lage. Es ist gut, dass du zur Beichte gegangen bist und jetzt hierher zum Gottesdienst und Gebet kommst. Denn Gebet ist das Beste, was wir in dieser Situation tun können. ... Lass uns beten." Dann sprach sie leise und liebevoll das seltsamste Gebet, das ich je gehört hatte. Es klang ungefähr so:

„Vater im Himmel, allmächtiger, ewiger Gott, wir danken dir, dass du uns deinen Sohn gegeben hast und durch ihn alle unsere Schuld vergeben ist. Wir preisen dich dafür, Herr, dass du am Kreuz den Tod und Satan besiegt hast und uns erlöst hast. Wir preisen dich dafür, dass du Herrscher über die sichtbare und die unsichtbare Welt bist. Wir preisen dich dafür, dass nicht ein Spatz vom Himmel fällt, ohne dass du es weißt. Wir preisen dich dafür, dass du der Herr bist und dass dir nichts entgleitet. Und so preise ich dich auch für den Schmerz, den du in Eles

Leben zugelassen hast. Ich preise dich für den Schmerz, den du in Kevins und Lauries Ehe zugelassen hast. Ich preise dich für Eles Schwachheit und Versagen, und ich preise dich, weil du versprochen hast, in unserer Schwachheit mächtig zu sein. Ich preise dich dafür, dass du uns alles zum Besten dienen lassen willst, sogar wenn wir versagt haben, wenn wir danach den Weg des Gehorsams wählen. Ich preise dich dafür, dass du Ele und auch Kevin und seine Familie über alles liebst und dafür, dass du dich in allem und durch alles offenbaren und verherrlichen willst. Auch wenn Ele schuldig geworden ist, hast du dies alles nur zugelassen, um sie tiefer zu dir zu ziehen und ihr mehr von deiner Liebe zu zeigen. Dafür danke ich dir und dafür preise ich dich! Ich preise dich dafür, dass du ein liebevolles Ziel in und mit allem verfolgst. Ich lege nun Kevin und seine ganze Familie und Ele in deine Hände. Wir vertrauen deiner Weisheit, deiner Liebe, deinem Erbarmen und deiner Vergebung, und wir preisen dich für alles, was du tun wirst. Du bist voller Weisheit und Erbarmen und wirst das Richtige tun. Bitte verherrliche deinen Namen. Amen!"

Ich war sprachlos. Ich muss gestehen, dass mir der Gedanke durch den Kopf schoss, ob Rose vielleicht ein bisschen verrückt war, denn wie konnte sie Gott *für* den Schmerz und mein Versagen preisen – für diesen ganzen Schlamassel, den ich verschuldet hatte? War ihr eigentlich bewusst, was sie da alles gebetet hatte? Glaubte sie wirklich, Gott habe das alles mit Absicht „zugelassen" und verfolge damit ein gutes Ziel? Und wie sollte er sich in dieser verfahrenen Situation denn verherrlichen? Ich wäre ihm schon unendlich dankbar, wenn Kevins Familie nicht zerbrechen würde – aber sich verherrlichen?

Ich glaube, ich murmelte ein höfliches „Amen" , jedoch ohne jede innere Überzeugung, und schloss ein langes „Bitte-mach-doch-dass-Gebet" an.

Rose hatte mein Gebet in Ruhe angehört. Nun sah sie mich mit ihren dunklen, leuchtenden Augen an: „Ele, just trust and praise the Lord!" (Dt.: Vertrau dem Herrn und preise ihn!) Trust and praise – darum ging es in allen Gebeten, die Rose in den darauffolgenden Tagen und Wochen für mich sprach. Sie dankte und pries Gott – sei es für die verfahrene Situation, in die ich mich selbst hineinmanövriert hatte, sei es für andere, kleinere Gebetsanliegen. Nur selten formulierte Rose Bitten im Gebet. Stattdessen betete sie oft: „Danke, dass du weißt, was wir brauchen und dass du deine Kinder gern versorgst!"

Immer wieder forderte sie mich auf, Gott einfach *für alles* zu danken und ihm in *allen* Details meines Lebens zu vertrauen. Sie erklärte mir immer wieder mit großer Geduld, dass Gott der Herr absolut jeder Lage sei, dass ihm nichts entgleite und er voller Liebe und mächtig genug sei, um jede Situation zum Guten zu wenden. Wenn Gott Schwierigkeiten, Traurigkeit oder scheinbar ausweglose Situationen in unserem Leben zulasse, dann nur, damit wir daran wachsen und ihm tiefer begegnen können – und damit wir lernen, seiner Liebe immer und überall zu vertrauen.

Dem allem konnte ich – theoretisch – zustimmen. Aber Gott mitten in der Krise, die ich auch noch selbst verschuldet hatte, *für* die Krise und alle Umstände loben? Ein solches Gebet konnte ich nicht über meine Lippen bringen. Es kam mir einfach nur merkwürdig vor.

Rose schenkte mir daraufhin das kleine Buch „Power in Praise"[1] von Merlin Carother. Der Autor erklärt darin ausführlich und anhand vieler Bibelstellen, warum es sich lohnt, Gott auch in Krisen und für die Situationen, die wir in unserem

---

1 Carother, Merlin: *Leben in neuen Dimensionen*, ASAPH-Verlag, Lüdenscheid 2013.

Leben am wenigsten wollen, zu loben und ihm trotz allem zu vertrauen.

Faszinierende Zeugnisse ganz unterschiedlicher Menschen erzählen davon, was Gott in ihrem Leben getan hat, nachdem sie sich entschlossen hatten, ihm bedingungslos zu vertrauen und ihm dieses vorbehaltlose Vertrauen im Lobpreis auszusprechen.

Im Buch wurde deutlich, dass es beim Thema „Lobpreis in allen und für alle Situationen" um ganz grundsätzliche Fragen geht: Glaube ich wirklich, dass Gott mich liebt? Glaube ich wirklich, dass er alles in der Hand hat? Glaube ich wirklich, dass er niemals etwas zulassen würde, das mir seelisch bleibend (in Hinblick auf die Ewigkeit) schaden kann? Glaube ich wirklich, dass er jede Situation meines Lebens zu meinem Besten gebrauchen kann? Glaube ich wirklich, dass er mir alles vergibt, wenn ich aufrichtig bereue?

Wenn wir all diese Fragen mit einem Ja beantworten können, dann können wir Gott tatsächlich in jeder Situation loben und vertrauensvoll abwarten, wie er handeln wird. Weil Gott uns in der Bibel auffordert, ihm zu vertrauen und ihn immer und überall zu preisen, können wir ihn aus reinem Gehorsam preisen, auch wenn sich unser Herz so gar nicht danach fühlt.

Ich war mir nicht sicher, was ich von dieser Absolutheit, Gott für *alles* zu preisen, halten sollte. Immer noch voller Schmerz, voller Schuldgefühle und voller Angst, wie es mit Kevin und Laurie weitergehen würde, wünschte ich mir nichts sehnlicher, als dass Gott eingreifen und alles wenden würde. Ich würde alles dafür tun! Gott wollte ein Lobpreisgebet für diesen Schlamassel? Bitte schön!

Wütend und mit „innerlich geballten Fäusten" begann ich zu beten: „Herr, wenn du tatsächlich Lobpreis möchtest für diese ganze verfahrene Situation, dann werde ich dich jetzt preisen, auch wenn es mir absolut grotesk vorkommt. Ich preise dich nur aus Gehorsam, weil ich darin zustimme, dass du absolut souverän bist und dass dir nichts entgleitet. Ich preise dich dafür, dass du zugelassen hast, dass ich Kevin überhaupt begegnet bin. Ich preise dich dafür, dass du zugelassen hast, dass er sich hoffnungslos in mich verliebt hat. Ich preise dich dafür, dass du zugelassen hast, dass ich seine Gefühle erwidert habe. Ich preise dich dafür, dass ich erleben musste, wie leicht man schwach werden und Grenzen überschreiten kann. Ich preise dich dafür, dass du den ganzen Schmerz zugelassen hast, der dadurch über Kevin, seine Frau und mich gekommen ist, und ich preise dich dafür, dass du trotz allem ein gutes Ziel damit verfolgst.

Ich preise dich dafür, dass du mir auf diese Weise gezeigt hast, wie verloren ich ohne dich bin und welche Macht Satan gewinnt, wenn ich nicht auf deinen Wegen bleibe. Ich preise dich dafür, dass du der absolute Herrscher über diese Welt bist und dass deine Liebe siegen wird. Ich preise dich dafür, dass du uns nicht im Elend lässt. Ich preise dich dafür, dass du selbst dann noch jedes Detail unseres Lebens in deiner Hand hältst, wenn wir nirgendwo einen Ausweg sehen und nur noch auf dein barmherziges Eingreifen angewiesen sind. Dein Wille geschehe, verherrliche deinen Namen ..."

Und während ich aus Gehorsam begann, Gott auf diese Weise zu loben, erfasste mich seine Liebe und hüllte mich ein. Ich spürte, wie sie sich immer mehr in mir ausbreitete, und war überwältigt von diesem Gefühl. Ich war sprachlos und konnte nicht begreifen, was da gerade geschah. Es war wie eine „innere Schau". Der Heilige Geist zeigte mir, wie unendlich, umfassend und absolut Gottes Liebe zu jedem seiner Menschenkinder ist – zu großen und kleinen, jungen und alten, kranken, leidenden und gesunden, zu denen, die ihn schon kennen, und zu denen, die gerade ohne ihn verzweifeln; ich „sah", wie Gott in unserer größten Freude und besonders in unserem tiefsten Leid alles mit seiner Liebe durchdringen will und wie er mit allertiefstem Erbarmen jedes seiner Geschöpfe an sein Herz ziehen und ihm Erlösung schenken will.

Es war wie ein tiefes Begreifen seiner wirklich *alles* ausfüllenden Liebe, seines grenzenlosen Erbarmens und seiner tiefen Sehnsucht, jedes seiner Geschöpfe an sein Herz zu ziehen und zu erlösen. Tief in mir konnte ich „sehen" und *glauben,* dass seine Erlösung sich ihren Weg bahnen wird – durch Schmerz, Leid und Schuld hindurch. Es war wie ein Blick zurück auf Jahrhunderte voller Schmerz und Leid und auf das bis heute andauernde Elend; ein Blick auf die Verzweiflung überall auf der Welt, auf Krieg, Krankheit und Tod, auf jeden Schmerz meiner Freunde und Familienmitglieder – im gleichzeitigen Realisieren seiner niemals endenden Liebe, die alles überwinden kann und uns nach Hause in Sicherheit bringen will.

Und so begann ich zu glauben, dass Gott *wirklich* Herr über alle Situationen ist, und dass wir ihm kein größeres Vertrauen aussprechen können als damit, ihn immer, überall und *für* alles zu loben, selbst wenn es unser eigenes Versagen einschließt. Seine Liebe und Barmherzigkeit bahnen sich ihren Weg, und mit Lobpreis können wir unser Herz öffnen, um diese Liebe zu empfangen und sie tief in uns wirken zu lassen.

Wie ist es damals weitergegangen? Kann ich rückblickend wirklich sagen, dass Gott diesen ganzen Schlamassel zugelassen hat, um etwas Gutes daraus hervorzubringen? Kevin ist bei Laurie geblieben und erzählte ihr alles, was zwischen uns gewesen war. Und sie sprachen noch über viele andere Dinge, die in ihrer Ehe dringend einmal angesprochen werden mussten. Er erzählte mir, sie seien sich nun näher als je zuvor.

Auch ich konnte Laurie persönlich um Vergebung bitten und

bin bis an mein Lebensende dankbar, dass sie mir in ihrer Großzügigkeit und Güte vergeben hat. Im Laufe unseres Gesprächs fragte sie mich, wie ich Kevin so lieben konnte und mich trotzdem gegen eine Beziehung mit ihm hatte entscheiden können.

Ich erklärte ihr, dass nur Gott mich davon abgehalten hatte, noch tiefer in die Verbindung mit Kevin hineinzurutschen, und dass nur Gott mir die Kraft gegeben hatte, einen klaren Schlussstrich zu ziehen.

Heute frage ich mich manchmal, ob sie sich in den folgenden Jahren, wenn in ihrem Freundes- und Bekanntenkreis Ehen auseinandergebrochen sind, daran erinnert hat, dass Gott es war, der ihre Ehe gerettet hat. Und was Kevin angeht, weiß ich, dass er in mir zumindest einer Person begegnet ist, die daran glaubt, dass Jesus wirklich lebendig ist, und die auch immer wieder von ihm sprach. Nach dem Tod seines Vaters hatte er jeden Glauben an Gott verloren; ich war die erste gläubige Person gewesen, der er nach dieser Erfahrung wieder bereit war zuzuhören. Außerdem wurde auch er Zeuge, dass ich letztendlich meine Liebe zu Gott und zu seinen Maßstäben höherstellte als unsere „Liebe".

Im Nachhinein konnte ich tatsächlich erkennen, dass Satan Kevins und Lauries Ehe zerstören und mich von Gottes Wegen abbringen wollte und dass Gott dies bis zu einem gewissen Punkt auch zugelassen hatte, um uns wachzurütteln: um mir in meinem Versagen seine Liebe auf eine ganz neue Art und Weise zu offenbaren, um Kevins Ehe zu vertiefen und um ihm und seiner Frau durch die Freundschaft mit mir eine lebendige Beziehung zu ihm anzubieten.

Es machte plötzlich Sinn für mich, dass ich einerseits meine Schuld nur zutiefst bereuen konnte und bekennen musste, doch dass Gott andererseits immer noch einen souveränen Plan hatte, sodass ich ihn wirklich in meiner Schwachheit und *für* meine Schwachheit loben konnte.

Ich wünschte, ich könnte an dieser Stelle erzählen, dass Kevin nach dieser ganzen Geschichte auch zu Jesus Christus gefunden hätte, aber er lehnte Gott weiterhin ab. Darüber war ich traurig, aber ich beschloss, Gott dafür zu preisen, dass er jeden Menschen unendlich liebt und ihm ein Leben lang nachgehen wird. Ich pries Gott dafür, dass er seine eigenen Zeitpunkte hat, sich einem Menschen zu offenbaren.

Nachdem ich nach Deutschland zurückgekehrt war, blieb ich noch eine Weile mit Kevin und Laurie in Kontakt. Ich brach ihn jedoch ab, als ich meinen heutigen Mann kennenlernte. Ich war Gott in Schottland tief begegnet, wie ich es mir so sehr gewünscht hatte, und doch bedauere ich bis heute, dass ich nicht auf seinen Wegen geblieben bin. Gott hat mich Demut gelehrt, denn bis dahin hatte ich noch gar nicht verstanden, warum manche Christen eigentlich immer so viel von Anfechtungen und Satan redeten. „Wir haben doch Jesus!", hatte ich mir damals immer gedacht. Das stimmt, aber ich war damals noch viel zu naiv und viel zu sehr davon überzeugt gewesen, dass ich bestimmte Dinge niemals tun würde – nach dem Motto: „*Ich* doch nicht!"

Zugleich gab Gott mir ein barmherziges Herz, das nie mehr hart über diejenigen urteilen könnte, die in Versuchungen fallen. Gott lehrte mich, mit den Angriffen Satans zu rechnen, die Waffenrüstung Gottes anzuziehen und der Sünde zu fliehen. Seit damals habe ich mich – Gott sei Dank! – nie mehr auf eine Freundschaft zu einem verheirateten Mann eingelassen und außerdem von meiner Studentengewohnheit, mich auf „lockere Kumpelfreundschaften" einzulassen, Abstand genommen.

Meine Sehnsucht nach Reinheit und Gehorsam ist gewachsen – nach einem Leben ganz in Gottes Licht anstatt in irgendwelchen Grauzonen. Gott ließ mich erfahren, dass seine Liebe zu mir nicht endet, auch wenn ich glaube, mir selbst nicht verzeihen zu können. Und Gott zeigte mir, wie wichtig es ihm ist, dass wir ihm trotz allem und in allem vertrauen – und ihn für alles loben. Heute kann ich sagen: Gott in allen Lebenslagen zu loben hat mein ganzes Leben verändert und mich sein Handeln auch in späteren Herausforderungen immer wieder neu erleben lassen. Mein Leben wäre sicher anders verlaufen, wenn Rose mich damals nicht diese seltsame Art des Gebets gelehrt hätte. Auch mein Versagen war Teil von Gottes souveränem Plan für mein Leben. So kann ich behaupten: Ja, Gott *hat* Gutes aus diesem Schlamassel hervorgebracht.

Und als wollte Gott mir noch einmal ganz tief in mein Herz schreiben, wie sehr er sich über unser Vertrauen und unseren Lobpreis freut und es liebt, darauf zu reagieren, zeigte er sich mir zum Ende meines Schottlandjahres ein weiteres Mal in Ehrfurcht gebietender Weise. Es war mein letztes Wochenende in Schottland; am Montag würde ich meine Heimreise antreten. Ein letztes Mal war ich mit meinen Freunden in den Highlands. Meine Gedanken waren viel bei Kevin und Laurie, und ich wünschte mir von Gott, dass ich noch einmal einen Regenbogen sehen könnte – das uns Menschen von Gott geschenkte Zeichen seines Bundes und seines Versprechens, dass sein Erbarmen niemals aufhört.

Das war keine besonders große Bitte, zumal sich in Schottland Wolken, Sonne und Regen beständig abwechselten und ich dort manchmal sogar mehrmals am Tag einen Regenbogen gesehen hatte. Aber an diesem letzten Wochenende im Juni schien die Sonne und der Himmel war ungewöhnlich blau. Nicht ein einziger Regentropfen fiel am Freitag und auch am Samstag gab es nicht die Spur einer Regenwolke am Himmel. So betete ich an beiden Tagen etwas enttäuscht: „Na ja, Herr, du weißt, dass ich mir eigentlich einen Regenbogen gewünscht habe. Vielleicht ist das ja deine Art, mir zu zeigen, dass du mehr gibst, als wir erbitten oder erhoffen. Ich preise dich also dafür, dass du uns so viel Sonnenschein schenkst … Aber eigentlich wünsche ich mir immer noch einen Regenbogen …" Auch am Sonntag betete ich mehrmals dieses kleine Lobpreisgebet für den Sonnenschein, obwohl ich immer noch etwas enttäuscht war. Zwischendurch dachte ich mir jedoch auch immer wieder, dass es eigentlich ja auch nur eine lächerlich kleine Bitte aus lauter Sentimentalität über den bevorstehenden Abschied war. Warum sollte Gott auch das Wetter ändern, wenn sich alle Schotten über so viel Sonnenschein freuten und dieses tolle Wetter ganz außergewöhnlich fanden?

Auch am frühen Sonntagabend war noch kein Regen gefallen. Unsere letzte Bergtour war vorbei und wir fuhren zurück. Während wir mit dem Auto der kleinen gewundenen Küstenstraße folgten, saugte ich ein letztes Mal den Anblick der wunderschönen Felsbuchten im rötlichen Abendlicht auf. Noch einmal betete ich das kleine Lobpreisgebet für den Sonnenschein und dankte Gott dafür, dass er sich entschlossen hatte, es an diesem Wochenende nicht regnen zu lassen. Gleich würden wir abbiegen und die Küste verlassen. Die Straße machte noch eine Biegung und gab ein allerletztes Mal den Blick nach Westen auf eine große Bucht frei: Der Himmel war pastellfarben und die sinkende Sonne stand tieforange über dem schimmernden Wasser. Und um die Sonne herum, in einem großen, vollständig geschlossenen Kreis, dessen Mittelpunkt die Sonne selbst war, stand ein riesiger, vollkommener doppelter Regenbogen.[2] Es fiel nicht ein einziger Tropfen Regen.

---

2 Die Meteorologen sprechen in diesem Fall von einem Halo.

Trust and praise - mitten im Alltag

Lobpreis in alltäglichen Situationen

Ich hatte Gott auf eindrückliche und unvergessliche Weise in Schottland erlebt, als ich ihm nicht nur in der Krise, sondern auch *für* die Krise dankte. Lobpreis war mir ein goldenes Tor in seine Gegenwart geworden, sogar in meiner selbst verschuldeten Krise.

In den Wochen danach fielen mir die vielen Bibelstellen auf, in denen von Lobpreis die Rede ist und in denen Gott auf den Lobpreis seines Volkes hin handelt. So nahm ich mir fest vor, Gott auch in den kommenden Herausforderungen des Alltags bewusst zu loben und seinem souveränen Plan in allem zu vertrauen. Ich konnte es gar nicht erwarten, in allen möglichen Alltagssituationen Gott einfach zu preisen und zu schauen, wie er handeln würde.

Zum Beispiel, als ich mich zu Beginn des neuen Semesters über eine Stundenplanänderung ärgerte, die mir so gar nicht passte. Ich spürte, wie Wut und Frustration in mir aufkommen wollten, doch dann beschloss ich, Gott lieber dafür zu preisen, dass er anscheinend einen anderen Kurs für mich vorgesehen hatte.

Das Thema des alternativen Kurses war interessant genug:

„Störungen im Kindesalter" und der Kurs wurde von einem alten Professor der Psychologie gehalten, der viele Jahre mit schwer gestörten Kindern gearbeitet hatte. Neben seinem großen Fachwissen erzählte er viele spannende Dinge aus seiner Praxiserfahrung, und das mit so viel Liebe, dass er mir zu einem großen Vorbild im verständnisvollen Umgang mit solchen Kindern wurde.

Sein Seminar war überfüllt mit Studenten, aber man hätte von Anfang bis Ende eine Stecknadel fallen hören können. Es war der Kurs, auf den ich mich jede Woche am meisten freute, und er war ohne Übertreibung der interessanteste, den ich in meiner ganzen Unilaufbahn belegt hatte.

Wie gut, dass Gott eine Stundenplanänderung vorgesehen hatte. Durch Lobpreis und Vertrauen konnte ich meinen Frust vor der Stundenplantafel schneller hinter mir lassen und war stattdessen gespannt, welchen Plan Gott mit dieser überraschenden Änderung wohl verfolgte. Später schrieb ich sogar meine Staatsexamensarbeit bei diesem Professor, den ich ohne die Stundenplanänderung vielleicht gar nicht kennengelernt hätte.

Ein anderes Mal geriet ich in eine Auseinandersetzung mit meiner Mutter, die sehr lieb war, aber auch sehr energisch sein konnte. Wegen der überall gelagerten Bücher und Studienunterlagen in meinem kleinen Zimmer zu Hause hatte sie beschlossen, dass ein weiteres Regal hermüsse, das maßgefertigt in dem letzten kleinen Raum über meinem Kleiderschrank hängen sollte. Ich protestierte vehement dagegen, ich würde mich davon erdrückt fühlen, aber sie hatte meinen Onkel schon gebeten, zu kommen und den Raum auszumessen. Statt den Streit eskalieren zu lassen (schließlich war es *mein* Zimmer und ich war schon erwachsen), beschloss ich, Gott für diese Situation zu loben und ihm zu vertrauen, dass er sie lösen würde. Wenige Tage später stellte sich heraus, dass das Regal zur Verwunderung meines Onkels und zu meiner Freude einfach nicht in den Raum über dem Kleiderschrank passen wollte, weil es wenige Zentimeter zu breit war. Damit musste das Regal im Keller stehen – eine ideale Lösung, mit der meiner Mutter *und* mir gedient war. Es mag wie eine Lappalie klingen, für mich machte die bewusste Entscheidung, Gott zu loben, jedoch einen großen Unterschied in diesem Moment – allein schon, weil ich dadurch ruhig blieb.

Das waren meine ersten Erfahrungen mit bewusstem Lobpreis in ganz alltäglichen Situationen, und bis zum heutigen Tage hatte ich noch etliche weitere solcher Erlebnisse, in denen Gott liebevoll auf meinen Lobpreis reagierte.

Einmal erlebte ich auch Gottes Eingreifen, nachdem ich ihn in großer Kraftlosigkeit genau für die Kraftlosigkeit gepriesen hatte – und dafür, dass ich trotz allem einen Großeinkauf erledigen musste, da Besuch über das Wochenende kommen würde. Als ich später mit meinem überreich gefüllten Einkaufswagen an der Kasse stand, hörte ich zu meiner Überraschung die Frau hinter mir zu ihrem erwachsenen Sohn sagen: „Hey, hilf mal der Frau, ihre Sachen aufs Band zu legen." Und er tat es. Damit aber nicht genug, denn nun forderte seine Mutter ihn auf, meine Einkäufe nach dem Scannen auch wieder in meinen Wagen zu legen. Gott zeigte mir liebevoll, wie nahe er mir ist, selbst wenn es um etwas so Alltägliches wie Einkaufen geht.

Gott kümmerte sich auch, als mein Mann und ich (später mehr zu unserer Geschichte) einmal auf einer Autofahrt nach Berlin kurz vor Weihnachten die Autobahn wegen besorgniserregender Motorengeräusche verlassen mussten. Statt in Panik und Frust zu verfallen, lobte ich Gott für genau diese Situation. Innerhalb von zehn Minuten fanden wir eine nahe gelegene Werkstatt. Zwar bestätigte uns ein Mechatroniker, dass wir mit unserem Wagen wirklich nicht mehr weiterfahren konnten, aber er konnte uns kurz vor Feierabend noch einen Mietwagen geben. Wir brauchten nur gelassen umzusteigen.

Kleinere Frustsituationen sind ideale Möglichkeiten, um einmal „auszuprobieren", wie Gott sich wohl zeigen wird, wenn ich ihn genau dafür lobe. Nicht immer greift Gott so markant ein wie in diesen Beispielen. Aber auch wenn er nicht äußerlich eingreift, bleibe ich innerlich viel gelassener, wenn ich im Lobpreis Gott anschaue und ihm vertraue, statt frustriert zu sein.

Ein andermal war ich dummerweise eine Stunde zu früh an der Schule, um unseren Sohn abzuholen. Erst ärgerte ich mich sehr, denn ich hatte viel zu tun an diesem Tag. Dann beschloss ich, Gott dafür zu preisen, dass ich mich irgendwie in der Zeit total vertan hatte. Kurz darauf kam eine Mutter zu mir ans Auto, die ich gut kannte. Sie brach in Tränen aus und bat um Gebet für ihre Ehe – und ich hatte eine ganze Stunde Zeit, um ihr in Ruhe zuzuhören und für sie beten zu können!

Ein anderes Mal trat ich gegenüber einer sehr netten syrischen Elternvertreterin total ins Fettnäpfchen, als ich mich weigerte, ein weiteres Jahr beim Plätzchenbacken zu helfen. Dieses Jahr seien einmal andere dran mitzuhelfen. Sie erwiderte kühl, dass sie sehr enttäuscht sei, da man sich in ihrer Gemeinschaft immer gegenseitig helfe. Ich schämte mich für mein Verhalten, aber zugleich konnte ich mich einfach nicht überwinden, mich ein sechstes Jahr in eine zeitaufwendige Weihnachtsbäckerei zu stürzen, die zwar immer sehr niedlich begann, aber meistens in einem klebrigen Chaos endete. Ich war frustriert, bis ich anfing, Gott genau für dieses Dilemma zu preisen. Daraufhin geschahen mehrere Dinge: Mein Mann beschloss spontan, beim Plätzchenbacken zu helfen, und legte ein gutes Wort für mich bei der Elternvertreterin ein. Diese entschuldigte sich anschließend bei mir für ihren Ton (was sie nicht hätte tun müssen, denn sie hatte ja recht) und ich lud sie bei dieser Gelegenheit zum Kaffeetrinken ein – obwohl wir bis dahin nicht so viel miteinander zu tun hatten. Als wir uns trafen, drehte sich das Gespräch innerhalb weniger Minuten um Glauben, denn sie hatte als Muslimin viele Fragen zu meinem christlichen Glauben. Ohne mein Fettnäpfchen wäre es vielleicht nie zu einem Treffen gekommen. Wir sind als Mütter sogar heute noch befreundet!

Es waren zunächst kleine Erlebnisse wie diese, die mir zeigten: Es „funktioniert". Natürlich kann ich nicht sicher sagen, ob sich die Dinge nicht genauso entwickelt hätten, wenn ich mich nicht für bewussten Lobpreis entschieden hätte, aber was ich sicher sagen kann ist: Egal, wie die Umstände auch aussahen, sie wurden besser – oder leichter zu ertragen –, als ich Gott für sie pries und ihm einfach vertraute.

Lobpreis, wenn es Grund zum Loben gibt

Ungefähr zwei Jahre nachdem ich aus Schottland zurückgekehrt war, lernte ich meinen heutigen Mann kennen. Er war einer der Jugendleiter für eine Gruppe Jugendlicher und junger Erwachsener von einer kleinen evangelisch-freikirchlichen Gemeinde, der ich mich anschließen wollte.

Meine Freundin hatte mir schon ab und zu von dem neuen Jugendleiter erzählt, der umwerfend gut aussehen sollte und in den sich so gut wie jedes Mädchen auf Anhieb verliebt habe. Ich schüttelte nur den Kopf und dachte: „Wie albern! Das wird mir ganz bestimmt nicht passieren!" Aber Gott hat Humor. Ich kann mich genau an den Moment erinnern, als ich vor dem

Gartenzaun der kleinen Gemeinde stand und mit ein paar anderen Jugendlichen darauf wartete, dass der Jugendleiter endlich käme, um aufzuschließen. Und dann kam er auf seinem Rennrad auf uns zugesaust: mit wehenden, dunklen, lockigen Haaren über dem hochgeschlagenen Kragen seiner Wildlederjacke und unbeschreiblich schönen Augen. Mein Herz schmolz in einem einzigen Augenblick dahin! (Leider kann sich mein Mann *überhaupt nicht* an diesen Moment erinnern – schade auch!)

Ich konnte nicht glauben, dass ich dabei war, mich immer mehr in ihn zu verlieben, denn nach dem Schlamassel in Schottland hatte ich die Schlussfolgerung gezogen, dass Gott vermutlich wollte, dass ich Single blieb. Denn ich glaubte ernsthaft, dass ich nie wieder jemanden so lieben könnte wie Kevin.

Bis ich nicht wusste, was Gott über alles dachte, wagte ich nicht, irgendetwas von meinen Gefühlen zu zeigen. Es war leicht, sich in der Gruppe einfach meinen Freundinnen zuzuwenden. Von Samstag zu Samstag wuchs meine Bewunderung für Matthias, denn er sah nicht nur gut aus. Er war einfach ein wunderbarer, sehr humorvoller und gut gelaunter Mensch, er hatte eine total nette Art, jeden miteinzubeziehen, war engagiert und hilfsbereit und blieb in Diskussionen fair und sachlich. (Das alles trifft heute übrigens immer noch zu!)

Über ein Jahr lang passierte gar nichts und wir hatten nur ein paar höfliche Worte gewechselt. Dann gab es einen Streik an der Uni, der ein Semester lang fast alle Seminare lahmlegte. Einige Christen fanden sich in einem Gebetskreis zusammen, um gegen Eskalation und für eine befriedigende Lösung für alle Beteiligten zu beten. In diesem Gebetskreis tauchte Matthias auf und gehörte bis zum Schluss zum harten Kern, wie ich selbst auch. Wir glaubten einfach, dass Gebet wichtig und wirksam ist. In diesem halben Jahr wechselten wir mehr als ein paar höfliche

Worte, aber mein späterer Mann würde mich im Rückblick als „kühl" beschreiben.

Auf jeden Fall lernten wir uns durch den Gebetskreis besser kennen. Matthias wusste, dass ich in Zeitnot mit dem Abtippen meiner Staatsexamensarbeit für mein Lehramtsstudium war, und bot mir an, einen Teil davon zu übernehmen. Das war ein ziemlich großer Teil – und der Moment, in dem meine Familie „die Nachtigall trapsen" hörte. Für sie war offensichtlich, dass Matthias in mich verliebt sein musste. Sie konnte sich nicht vorstellen, dass jemand einfach nur aus Hilfsbereitschaft so viel abtippen würde. Doch, Matthias schon. Da er selbst einige zerbrochene Beziehungen hinter sich hatte, war er nicht an einer weiteren Beziehung interessiert, bevor Gott ihn nicht dazu ermutigen würde. Matthias war zwar nicht „kühl", sondern freundlich und hilfsbereit, aber mehr auch nicht.

Es waren inzwischen Monate vergangen und wir waren immer noch an dem Punkt, an dem jeder von uns erst ein deutliches Go von Gott haben wollte. Es vergingen weitere Wochen, in denen ich ihn immerhin einmal als Dankeschön für seine Mühe mit der Abtipperei auf einen Tee und Kuchen eingeladen hatte.

Bald darauf fragte er mich, ob ich ihm helfen könnte, sein Surfbrett aus einem Bootshaus am Wannsee nach Hause zu transportieren. Sein Freund könne nicht. Das war der Moment, in dem auch ich die Nachtigall trapsen hörte. Er hatte schließlich noch eine Menge anderer Freunde! Meine Familie feixte.

Ich wurde als Dank zum Tee eingeladen (obwohl mein Mann nicht gern Tee trinkt) und ich aß höflich die steinharten Nussecken (obwohl ich Nussecken gar nicht mag). Wir sahen uns immer öfter auch außerhalb des Gebetskreises und der Jugendgruppe, und es war mein höchstes Glück, wenn Matthias unverhofft an meiner Bushaltestelle auftauchte. Man stelle sich das Gefühl vor, wenn man an einer ganz gewöhnlichen Haltestelle in Tagträume versinkt und plötzlich steht der Erträumte genau vor einem!

Schließlich sahen wir uns so oft, dass ich Angst bekam, dass wir uns emotional doch schon mehr aufeinander eingelassen hatten als geplant – obwohl wir von Gott noch kein klares Go bekommen hatten. Deshalb schrieb ich ihm in einem Brief, dass ich mehr Abstand halten wollte.

Als ich Matthias das nächste Mal sah, war er wirklich sehr traurig. Er habe mich nicht bedrängen wollen und war geschockt, dass ich ihn nicht mehr sehen wollte. Das hatte ich doch gar nicht gemeint! Er war so traurig, dass ich viel zu erklären begann. Endlich sagte ich ihm, dass ich eigentlich sehr viel für ihn empfand, aber vor Gott bloß nichts verkehrt machen wollte. Denn aufgrund meines Fehlverhaltens in Schottland war es mir extrem wichtig, schon für das vorsichtige Einlassen auf eine Freundschaft zu wissen, ob ich Gottes Segen dazu hatte. Wir redeten und redeten und erklärten und erklärten und lagen uns schließlich das erste Mal in den Armen.

Wir beschlossen, von nun an gemeinsam zu beten und Gott zu fragen, ob er uns seinen Segen für eine Freundschaft geben würde. Der ersehnte Zettel vom Himmel blieb zwar aus, aber über verschiedene kleine Führungen und „Hinweise" kamen wir zu der Überzeugung, dass unsere Freundschaft für Gott in Ordnung war. Wir blieben drei Jahre befreundet, bis wir uns verlobten und schließlich nach zwei weiteren Jahren heirateten.

Als Matthias mir sagte, dass er mich liebte, konnte ich es nicht fassen. Ich schwebte wochenlang wie auf Wolken. Der Himmel war immer noch blauer als sonst, und wenn er nicht blau war, war der Regen wunderbar. Wenn es blitzte und donnerte, war auch das aufregend und wir machten es uns mit einer Tasse Tee gemütlich. Wir brauchten keine großen Reisen, denn es war einfach überall schön mit Matthias. Die Universität, die in ihrer

Größe immer so erschlagend und anonym auf mich gewirkt hatte, hat noch heute ihre verklärten Ecken, in denen wir uns geküsst haben. Die Bibliothek, die mich mit all den Büchern, die ich lesen musste, früher zu erdrücken schien, wurde ein Ort des Glücks, da Matthias mich jeden Tag dort aufsuchte. Das leidige Warten an der Bushaltestelle auf übervolle Busse verwandelte sich in zeitlose Momente, in denen Berufsverkehr, hektische und meckernde Menschen völlig ausgeblendet wurden, weil ich nur noch Augen für Matthias hatte. Wenn ich zu Hause beim Bügeln half, dachte ich verzückt darüber nach, mit welcher Wonne ich in der Zukunft die Hemden meines Mannes bügeln würde!

„Das Leben ist ja so schön, wenn es schön ist", wie Bianca Bleier einmal gesagt hat. Und natürlich war es wunderbar leicht, Gott in all diesem großen Glück zu loben und zu danken!

Wenn ich heute vor einem Bügelberg stehe und zurückdenke, muss ich lachen. Ich danke Gott dann vor allem dafür, dass jemand bügelfreie Hemden erfunden hat. Ich bin auch dankbar, dass es einigermaßen akzeptable Tiefkühlpizza gibt, denn das überwältigende Glück der ersten Ehewochen, für meinen geliebten Mann kochen zu dürfen, hat sich in den vielen Jahren zwar nicht ganz verflüchtigt, aber eine gemeinsam verzehrte Tiefkühlpizza beschert einem eine ganz eigene Art von Zufriedenheit in einem vollen Alltag.

Es ist eben alles eine Frage der Perspektive, was ich für Glück halte. Bin ich *immer* dankbar und zufrieden? Nein, ich kann leider auch ein sehr muffiger Hausgeselle und ein „Meckerpott" sein. Dann bin ich sehr anstrengend für meine Familie und kann ihnen so richtig die Laune verderben. Ich werde zu einer echten Zumutung. Ich mache mir Luft, weil mir irgendeine Kleinigkeit nicht passt, und meine Umgebung muss sich das anhören. Ständig vor sich hin meckernde Menschen, die nie zufrieden sind und überall ein Haar in der Suppe finden, statt dankbar die Suppe zu genießen, können eine echte Belastung sein. Wir kennen sie im Freundeskreis, auf der Arbeit und in der Gemeinde und wir würden sie lieber meiden – so ein Mensch möchte ich auf keinen Fall sein!

Aber es gibt sie ja, diese Tage oder auch Phasen, in denen einen einfach alles nervt. Meckern scheint dann ein hervorragendes Ventil zu sein, die eigene innere Spannung abzubauen. Da genügt ein winziger Anlass, über den ich mich auslasse, dabei liegt die Ursache meiner Angespanntheit und Unzufriedenheit eigentlich ganz woanders. Es liegt auf der Hand, dass es viel wirksamer und angenehmer für meine Umgebung ist, wenn ich die Gründe für meine Gereiztheit suche und schaue, wie ich sie konstruktiv ausräumen kann. Sonst bleibt alles, wie es ist, und mein Herumgemeckere wird zu einer negativen Grundhaltung, die sich nur schwer mit einer anbetenden Herzenshaltung vereinbaren lässt. Ein wirksames Gegenmittel ist die Dankbarkeit.

Die Bibel fordert uns an vielen Stellen dazu auf, dankbar zu sein. Den Israeliten gab Gott sogar ein Gesetz über Dankopfer (vgl. 3. Mose 3,1-17), das heißt, die Kultur des Dankens durch das Bewusstsein, dass Gott der Schenker alles Guten ist, war unter den Israeliten fest „etabliert". Gott wusste, wie nötig die Israeliten (wie auch wir) eine solche Kultur des Dankens hatten, denn selbst die großen Wunder, die sie beim Auszug aus Ägypten erlebt hatten, hinderten sie später auf ihrer Wanderung durch die Wüste nicht daran, zu murren und sich sogar nach Ägypten zurückzusehnen.

Dagegen wird in den allermeisten Psalmen bei allen Bitten und Klagen auch immer wieder große Dankbarkeit gegenüber der Gnade und Güte Gottes ausgedrückt. Mit den gemeinsam gesungenen oder vorgetragenen Psalmen erinnerten sich die Israeliten ganz bewusst an die Wunder und Gnadenerweise

Gottes in ihrer Geschichte mit ihm und dankten ihm dafür (vgl. zum Beispiel Psalm 136). So wurde die Erinnerung an Gottes Taten und eine Haltung der Dankbarkeit gegenüber Gott auch an ihre Kinder und Kindeskinder weitergegeben.

Im Neuen Testament drückt es Jakobus so aus: *„Alle guten und vollkommenen Gaben kommen von oben herab, von dem Vater des Lichts, bei dem keine Veränderung ist und kein Wechsel von Licht und Finsternis"* (Jakobus 1,17; Lutherbibel).

Ich erinnere mich an einen Moment, als mein Mann mir an einem ganz gewöhnlichen Wochentag einen wunderschönen Blumenstrauß schenkte. Ich war total entzückt, und während ich mich freute, schien es mir plötzlich, als ob Gott lächelnd zu mir sagte: *„Ich* schenke dir diesen Blumenstrauß durch deinen Mann. Ich schenke dir deinen Mann, deine Kinder und dein Zuhause, ich schenke dir deine Möbel, Bücher und CDs, ich schenke dir Kleidung, Nahrung und Wasser. Ich schenke dir Freunde und ihre Ermutigung ist meine Ermutigung an dich. Ich schenke dir das Blau des Himmels, den erfrischenden Wind und die grünen Gräser. Was immer dir jemand schenkt, du empfängst es aus meiner Hand. Was immer du Schönes siehst, ich habe es zu deiner Freude geschaffen."

Vor einiger Zeit hatte ich einen sehr müden und „nöligen" Tag. Schließlich beschloss ich, trotz des schlechten Wetters einen Spaziergang zu machen. Es ging mir besser, sobald ich draußen war, und ich bedankte mich bei Gott, dass er mich zu diesem Spaziergang „überredet" hatte. Ich hatte kein festes Ziel, weil ich nur halbherzig aufgebrochen war; irgendwann stand ich auf einer großen Wiese. „Hier ist es einfach immer schön!", sagte ich zu Gott. Und Gott schien liebevoll zu antworten: „Ich wusste, dass du dich freust!"

Wenn ich mir bewusst mache, wie viel wir tatsächlich jeden Tag aus Gottes Hand empfangen, gibt es auch jeden einzelnen

Tag sehr viel Grund zum Danken – und zum Loben. Gott bereitet uns so gern eine Freude, und *er* freut sich, wenn wir ihm dann auch sehr bewusst dafür danken.

Es ist schon erstaunlich, um wie viel wir Gott bitten und wie oft wir ihm mit etwas in den Ohren liegen und wie gering unser Dank im Vergleich dazu ausfällt. Und manchmal vergessen wir sogar ganz, ihm zu danken! Das gab es schon zu biblischen Zeiten: Von zehn Aussätzigen, die Jesus geheilt hatte, kehrte nur einer um und fiel Jesus zu Füßen, um ihm zu danken (vgl. Lukas 17,11-19). Ich bin sicher, dass Jesus sich sehr darüber freute. Deshalb möchte ich auch immer mehr lernen, Gott jeden Tag für all das Gute in meinem Leben zu danken – besonders dann, wenn ich drohe, in Meckerei zu verfallen.

Was aber, wenn mich bestimmte Dinge und Situationen einfach nerven, die ich einfach nicht ändern kann und mehr oder weniger hinnehmen muss? Dann muss ich mir die Frage der Perspektive ganz bewusst stellen. Ich kann darüber meckern, dass ich schon wieder Wäsche aufhängen muss, oder mich darüber freuen, dass ich eine Familie habe und wir mehr als das Nötigste zum Anziehen haben. Ich kann stöhnen, dass ich keine Lust auf einen Großeinkauf habe, oder sehr bewusst für dieses absolute Privileg danken, meinen Einkaufswagen mit zig leckeren Dingen füllen zu dürfen – ein Privileg, das die wenigsten Menschen auf dieser Welt haben.

Im Grunde gibt es nichts, was selbstverständlich ist und sich nicht jederzeit ändern könnte. Mit zwanzig hatte ich mir beim Fußballspielen einen Kreuzbandriss zugezogen und musste eine ganze Weile an Gehhilfen laufen. Ich machte mir eine Zeit lang Gedanken, ob mein Knie je wieder ganz normal funktionieren würde, bis mir bewusst wurde: Selbst wenn nicht – es bliebe ja noch so viel übrig, was ich tun könnte! Ich könnte immer noch sehen, riechen, schmecken, reden und fühlen, hätte immer noch meine Freunde, Hobbys und vieles mehr!

Es gibt so vieles, was Gott uns schenkt, was wir für absolut selbstverständlich nehmen und worum wir nicht einmal ausdrücklich gebeten haben. Ich betrachte es als Geschenk, wenn meine Familie abends nach Hause kommt, der Hund in der Ecke schnarcht und ein ganz normaler Alltag ohne größere Katastrophe endet.

Dankbarkeit ist oft einfach eine bewusste Entscheidung, worauf ich meinen Fokus setze: auf das berühmte halb volle im Gegensatz zu dem halb leere Glas; auf die Weite des Himmels hinter den Gitterstäben, die mich begrenzen. Ich möchte diesen Perspektivwechsel immer neu trainieren und Gott viel mehr danken – für alles, was schön und längst nicht selbstverständlich ist. Wenn wir dankbarer werden, schauen wir anders auf die Welt. Beinahe so wie Frischverliebte. Denn so wird der blaue Himmel noch blauer, und wenn er mal nicht blau ist, ist auch der Regen wunderschön …

Lobpreis für Gottes Gegenwart

Ich liebe es, Gott einfach dafür zu preisen, dass er da ist. Seit meinen Erlebnissen mit Gott in Schottland konnte ich oft gar nicht anders, als Gott immer wieder für seine liebevolle Gegenwart zu danken.

Meine Tischgebete veränderten sich und wurden ein aufrichtiger Dank, dass Gott mit am Tisch sitzt. „Pro-forma-Gebete" verwandelten sich in die dankbare Erwartung, dass Gott unsere Tischgemeinschaft nicht nur mit Essen, sondern auch mit von ihm gesegneten Gesprächen beschenken würde. Wenn Besuch kam, lud ich Jesus bewusst in unsere Tischgemeinschaft ein – ich stellte mir sogar vor, wie er auf einem freien Stuhl mit am Tisch saß – und ich bat ihn, die Führung unserer Gespräche an diesem Nachmittag oder Abend zu übernehmen. Auch wenn es nur ein ganz gewöhnliches Kaffeetrinken mit Freunden ist, spreche ich dieses Gebet.

Es ist dann immer schön, Jesus tatsächlich in den Gesprächen zu entdecken und etwas Schönes oder auch etwas nachdenklich Stimmendes aus ihnen mitzunehmen. Ich empfange diese Dinge seitdem viel bewusster.

Trotzdem verflachen meine Tischgebete auch immer wieder, aber eigentlich sind sie eine geniale Gelegenheit, die Gegenwart unseres Herrn bewusst zu preisen.

Ermutigt durch das Buch „Heilende Gegenwart"[3] von Leanne Payne, beschloss ich, Gott so oft wie möglich für seine Gegenwart und sein Dasein zu preisen, wo immer ich ging oder stand.

Über mehrere Wochen hinweg sprach ich schon morgens während der Runde mit unserem Hund ein Lobpreisgebet für Gottes Gegenwart, für seine Kraft und Weisheit, durch die alle Pflanzen und Tiere ins Leben gerufen wurden, für seine Schöpferkraft im Himmel und auf der Erde und seine Steuerung aller kleinen und großen Naturprozesse. Wenn ich nach Hause kam, pries ich seine Gegenwart in unserem Haus, in unserer Küche, seine Gegenwart um mich herum und seine Gegenwart in mir. Wenn ich Freunde traf oder im Hauskreis saß, pries ich Gottes unsichtbare, liebevolle Gegenwart. Beim Einkaufen oder bei Waldspaziergängen pries ich ihn dafür, dass er bei uns ist und niemals aufhört, seine Geschöpfe zu lieben.

---

3 Payne, Leanne: *Heilende Gegenwart. Heilung des Zerbochenen durch Gottes Liebe.* ASAPH Verlag, Lüdenscheid 2004.

Ich geriet dabei immer mehr ins Staunen, wie wunderbar Gott alles erschaffen hat; wie seine Herrlichkeit selbst in dieser gefallenen Welt erkennbar ist; wie sich alles nach seinem Willen entfaltet und dank der von ihm geschenkten Kraft leben darf.

Oft war ich mit großer Freude erfüllt. An manchen Tagen war mein Bewusstsein dafür, dass alles, was ich auf meinen Spaziergängen sah, von der Hand meines unsichtbaren Vaters persönlich geformt und gestaltet worden war, so intensiv, als würde ich alles zum erste Mal sehen. Adam und Eva staunten im Garten Eden über alles, was Gott geschaffen hatte, und ich schien genauso von Gott in einen „Garten" gesetzt worden zu sein, über den ich nur staunen konnte. Gott ist ein wundervoller Künstler. Wenn ich einen großen Künstler kennenlernen möchte, dann möchte ich vor allem Gott kennenlernen.

Ich bekam ein anderes Bewusstsein in Bezug auf das Haus, in dem ich mit meiner Familie leben darf und das mir für eine gewisse Zeit zur Verfügung gestellt wurde aus den Besitztümern meines himmlischen Vaters, bis er uns zum Weiterziehen auffordern würde.

Anderen Menschen gegenüber empfand ich eine tiefere Ebene des Respekts, da mir viel bewusster wurde, wie sehr Gott sie liebt, wie sie sich unter seiner Liebe und Güte entfalten dürfen und wie er einen besonderen Plan für jeden einzelnen von ihnen verfolgt. Ich erahnte die Geschichte, die Gott mit ihnen und durch sie schrieb, und ich sah Menschen, die Gott noch nicht wahrnahmen in ihrem Leben, aber die er trotzdem begleitete und voller Liebe erwartete.

Auch wenn äußerlich nicht viel in meinem Leben passierte und ich einfach als Hausfrau und Mutter für meine Familie und meine Freunde da war, war mein Leben randvoll mit Gott.

Ich konnte jeden Tag neu Gott in meinem Alltag wahrnehmen. Ich weiß nicht, wie ich es ausdrücken soll, aber Gott war einfach da! Indem ich Gott so oft für seine Gegenwart pries, spürte ich viel mehr, wie alles, was ich empfing, aus seiner Hand kam. Wenn ich unverhofft einer Freundin begegnete, war mir bewusst, dass Gott dieses Treffen arrangiert hatte. Ein Apfel fühlte sich kostbar an in meiner Hand, denn Gott hatte diesen Apfel wachsen und gedeihen lassen. Noch heute kann ich mich nicht sattsehen an dem leuchtenden, saftigen Orange einer aufgeschnittenen Apfelsine! Und erst der Duft!

Ich begann, neu über Gott zu staunen, wie er etwas so Gewaltiges wie die Sonne erschaffen konnte, die seit Jahrmillionen ihre Wärme und ihr Licht über zigtausend Kilometer bis auf unsere Erde schickt. Und ich bewunderte ihn dafür, wie mühelos er riesige Flächen mit Raureif und Schnee bedecken kann.

Nicht dass ich nicht auch früher schon viele wundervolle Dinge in Gottes Schöpfung wahrgenommen und darüber gestaunt hätte, aber irgendwie berührten mich die Wunder seiner Schöpfung nun noch „tiefer".

Indem ich Gott möglichst oft für seine Gegenwart anbetete, vertiefte er mein Bewusstsein seines Daseins. Dieses veränderte Bewusstsein fiel mir auch in den Lobpreiszeiten im Gottesdienst auf. Ich lobte Gott anders als früher, seitdem ich mir bewusst gemacht habe, dass Gott im „Lobpreis wohnt", wie ich es in Psalm 22,4 entdeckte: „Du aber bist heilig, du wohnst unter den Lobgesängen Israels."

Lobpreis in der Lobpreiszeit

Lobgesang bedeutet eine bewusste Hinwendung zur Herrlichkeit Gottes und ein tieferes Eintauchen in seine Gegenwart. Wenn wir auf diese Weise Gottes Nähe suchen, dürfen wir erwarten, dass er sich uns in irgendeiner Weise zeigen wird

In der Bibel finden wir eindrückliche Beispiele dafür, wie Gott auf den Lobpreis seines Volkes hin handelt – so auch bei der Tempeleinweihung in Jerusalem:

„Und es war, als wäre nur e i n e r, der trompetete und sänge, als hörte man e i n e Stimme loben und danken dem Herrn. Und als sich die Stimme der Trompeten, Zimbeln und Saitenspiele erhob und man den Herrn lobte: Er ist gütig, und seine Barmherzigkeit währet ewig, **da** [Hervorh. d. Verf.] *wurde das Haus des Herrn erfüllt mit einer Wolke, so dass die Priester nicht zum Dienst hinzutreten konnten wegen der Wolke; denn die Herrlichkeit des Herrn erfüllte das Haus"* (2. Chronik 5,13-14; Lutherbibel).

Lobgesang bedeutet Nähe zur Herrlichkeit Gottes. In dieser Nähe zu ihm wird seine Realität und sein Handeln wahrnehmbar. Unser Lobpreis ist keine Voraussetzung dafür, dass Gott handelt, und doch passiert etwas, wenn wir Gott mit ganzem Herzen anbeten und ihm auf diese Weise nahekommen – weil er selbst „im Lobpreis wohnt".

Deshalb tut es auch in Gottesdiensten so gut, bewusst eine längere Zeit im Lobpreis vor Gott zu stehen. Dabei kommt es nicht so sehr auf die Liedauswahl an. Natürlich hilft es, wenn gerade meine Lieblingslieder gesungen werden. Mein Herz ist dann geneigt, die Lobpreiszeit für eine „besonders schöne" zu halten.

Ich liebe Lobpreiszeiten mit lauter Lieblingsliedern, aber

eigentlich geht es nicht darum, welche Lieder mir gefallen und wie ich mich fühle, während ich sie singe. Vielmehr geht es im Lobpreis darum, dass der Heilige Geist eine tiefe Verbindung zum Vater und zum Sohn herstellen will, im Grunde völlig unabhängig davon, welches Loblied gerade gesungen wird. Deshalb versuche ich, mich immer wieder darauf zu konzentrieren, Gott für das anzubeten, was er ist, und anstatt schöner Gefühle ihn selbst zu suchen. Der Heilige Geist hilft mir dabei, dass ich meine ganze Sehnsucht auf Gott richte und ihn mit aufrichtigem Herzen suche. Ich bitte ihn, mir zu begegnen und mir konkret aufzuzeigen und zu vergeben, was seine Gegenwart in mir trübt. Ich bitte ihn zu heilen, was an Verletzungen oder Enttäuschungen meine Freude an ihm hindert, und alles von mir zu nehmen, was mich ablenkt und davon abhält, mit meinem Herzen ganz bei ihm zu sein. Schließlich bitte ich den Heiligen Geist, dass er selbst in mir ein herrliches Lob für Gott bereitet, denn anders als im Alten Testament sind heute *wir* der Tempel des Heiligen Geistes (vgl. 1. Korinther 3,16).

Und so bitte ich Gott in jeder Lobpreiszeit, dass immer wieder neu geschieht, was damals bei der Tempeleinweihung geschah: *„Dass die Herrlichkeit des Herrn das Haus erfülle"* (2. Chronik, 5,14; Lutherbibel) – dass er den Gottesdienstraum und den „Tempel in mir" mit seiner Herrlichkeit fülle.

Wenn wir so bewusst im Lobpreis in der Gegenwart des Herrn stehen und den Heiligen Geist um sein Wirken in uns bitten, hebt uns das ein Stück weit heraus aus Zeit und Raum. Wir beginnen, mit unseren inneren Augen Gott selbst in seiner ganzen Herrlichkeit anzuschauen. Eine solche Lobpreiszeit kann so intensiv sein, dass alles, was wir an Problemen mit uns herumschleppen, für eine kleine Ewigkeit unwichtig erscheint oder sogar ganz ausgeblendet wird, weil wir nur noch unseren wunderbaren Gott selbst anschauen.

Gott fordert uns nicht deshalb zum Lobpreis auf, weil er, wie ein Narzisst, ganz viel Lob bräuchte, sondern er lädt uns dazu ein, weil er weiß, wie gut es uns tut, wenn wir ihn im Lobpreis anschauen. Gott ist uns immer hundertprozentig nahe, er lässt uns keine Sekunde aus den Augen und umgibt uns ständig mit seiner großen Liebe. Leider können wir Menschen das nur selten wahrnehmen, weil wir zu sehr mit uns selbst beschäftigt und auf die sichtbaren Umstände fixiert sind. In der Lobpreiszeit können wir uns bewusst für Gottes Nähe öffnen, anstatt uns in den Abgründen von Sorgen, Angst, Verlust, Trauer oder Wut zu verlieren.

Gott selbst ist heller als die Sonne, majestätischer als der höchste Berg, kraftvoller als jeder Orkan und seine Liebe übersteigt jede Vorstellungskraft. Wenn wir einmal im Himmel vor ihm stehen, werden wir gar nicht anders können als niederzufallen und ihn anzubeten. Wir werden seine heilige Gegenwart, seine unendliche Liebe und Gnade und strahlende Schönheit kaum fassen können. Wenn wir schon angesichts eines schönen Sonnenunterganges ehrfürchtig innehalten und verstummen, wie viel mehr werden wir überwältigt sein, wenn wir den Schöpfer von Angesicht zu Angesicht sehen? Gott ist in seinem ganzen Wesen so herrlich, heilig und Ehrfurcht gebietend, dass wir ihm aus tiefstem Herzen die Ehre und Anbetung geben werden, die ihm gebührt.

Im Lobpreis dürfen wir etwas von dieser überwältigenden Heiligkeit und Liebe Gottes schon hier erleben. Jede Anbetungszeit im Gottesdienst, in einer kleinen Gruppe oder auch ganz allein kann uns eine Ahnung seiner Herrlichkeit geben. Anbetung ist das Herzstück unserer Gottesbeziehung, weil wir uns innerlich ganz auf Gott konzentrieren. Lobpreis ist deshalb viel mehr, als Gott ein paar Lieder „vorzusingen". Es ist eine Zeit der tiefen Gottesbegegnung, aber bis wir an diesen Punkt kommen, brauchen wir etwas Zeit. Wir brauchen Zeit, unsere eigenen Gedanken wirklich an Gott abzugeben und uns vom Heiligen Geist führen zu lassen.

Im Gottesdienst ist es deshalb hilfreich, mehrere Anbetungslieder im Block zu singen, ohne dass mein Eintauchen in Gottes Gegenwart unterbrochen wird. Eine Gottesdienstgestaltung, in der Anbetungslieder eher den Zweck verfolgen, eine lange Begrüßung und viele Ansagen „aufzulockern" und nach einer Predigt noch einen fröhlichen gemeinsamen Abschluss zu bieten, gehen am Kern der Anbetung vorbei.

Manche sehen in dem Wunsch, Gott tief zu begegnen, nur „Schwärmerei" oder den Hype um ein besonderes, emotionales Erlebnis. Tatsächlich ist es jedoch unser Vorrecht als Kinder Gottes, Gott intensiv begegnen zu *dürfen*. Nur wenn ich Gott auch immer wieder im tiefsten Sinne des Wortes „begegne", hat mein Christsein Substanz, sonst erstarrt jede Stille Zeit und jede Anbetung zur Form. Und dann verwundert es nicht, dass wir nur noch so wenig beten und lobpreisen oder in der Bibel lesen.

Natürlich ist es wichtig, überhaupt mit Gott in Kontakt zu bleiben – indem wir sein Wort lesen, beten oder Fürbitte halten. Wir müssen aber kein „Pflichtprogramm" absolvieren, weil wir so korrekte Menschen sind oder Angst haben, sonst den Segen Gottes zu verlieren. Gott hat uns sein Wort, Gebets- und Anbetungszeiten vielmehr geschenkt, damit wir mit ihm, unserem lebendigen Gott, in einem *lebendigen* Kontakt stehen können.

Wir brauchen die tiefe Begegnung mit Gott selbst, die nur der Heilige Geist schenken kann. Deshalb ist es andererseits auch gar nicht schwer, in tiefe Anbetung zu kommen: Wir bitten den Heiligen Geist, in uns und durch uns zu beten, die Stille Zeit mit dem Hören auf Gottes Wort oder die Anbetungszeit mit seiner Leitung zu „übernehmen". Die Intensität unserer Begeg-

ten" und in diesen Anblick zu versinken. Es ist spannend, wohin der Heilige Geist mich in einer Anbetungszeit führen kann, wenn der Rahmen des Gottesdienstes genug Zeit und Raum zur Verfügung stellt. Manchmal bin ich dann so tief berührt, dass ich mir wünschte, ein Lied würde niemals enden. Diese Berührung durch Gottes übernatürliche Präsenz *kann* dazukommen, aber auch wenn ich sie nicht spüre, verändert es mich, so in der Gegenwart Gottes zu stehen.

Vielleicht kommt dir das alles fremd vor, und du sagst, dass Anbetung beziehungsweise Lobpreismusik im Gottesdienst gar nicht dein Zugang zu Gott ist.

Vielleicht kommst du eher über die Schöpfung zur Anbetung Gottes, über das Studieren seines Wortes oder über die große Freude, wenn du miterlebst, wie jemand das erste Mal begreift, dass es Gott wirklich gibt, und sein Leben in Gottes Hände legt. Vielleicht erfährst du die Nähe seiner Herrlichkeit vor allem über diese Sprache der Liebe Gottes (vgl. „Die fünf Sprachen der Liebe Gottes" von Gary Chapman, erschienen bei Brunnen).

Menschen, die eher diese Sprachen der Liebe Gottes sprechen, dürfen sicherlich dennoch auch im Gottesdienst mit der Hilfe des Heiligen Geistes in die Gegenwart Gottes geführt werden, denn Gott schließt keines seiner Kinder aus. Ich finde es interessant, dass Gemeinden wie *Bethel* und *Hillsong*, die in den letzten Jahrzehnten enorm gewachsen sind, explizit Wert auf lange Anbetungszeiten legen, weil Gott es ihnen wert ist, angebetet zu werden. Es verändert uns nachhaltig, wenn wir uns mit der Hilfe des Heiligen Geistes im Lobpreis ganz auf Gott konzentrieren und uns von ihm berühren lassen. Es ist ein Geschenk, wenn diese Berührung auch wirklich intensive Emotionen mit sich bringt, aber ich glaube, selbst wenn wir die göttliche Berührung nicht immer so wahrnehmen, können wir allein durch das Aussprechen und Loben der wunderbaren Eigenschaften Gottes dennoch in unserem Glauben gestärkt werden. Nicht allein die moderne Gemeindeform und die sehr gute Musik, sondern der zeitliche Raum und der zentrale Stellenwert der Anbetung in diesen Gottesdiensten scheinen der Schlüssel zu sein, dass Gottesdienstbesucher ihre Herzen für eine Gottesbegegnung öffnen, die Predigt zu ihnen spricht und sie verändert und sogar Wunder geschehen.

Ich komme in den Gottesdienst, um Gott zu begegnen. Wenn das nicht geschieht, werde ich entweder nach und nach wegbleiben, weil mir „das alles nichts bringt", oder ich werde zwar, weil ich „gehorsam" bin, weiter kommen, aber unzufrieden und enttäuscht in den Reihen sitzen und irgendwann der Gottesdienstleitung die Schuld geben, dass der Gottesdienst nicht interessant, nicht motivierend oder nicht kreativ genug sei. Unsere Gottesdienste können immer nur einen „Rahmen" geben. Gott selbst muss die Elemente unseres Gottesdienstes (Moderation, Lobpreis, Predigt, Gebet, kreative Elemente) füllen. Darum können wir nur bitten und flehen und dies sollten wir noch viel bewusster und anhaltender tun.

Im Gottesdienst selbst treten wir im Lobpreis bewusst in Gottes Gegenwart und lassen unser Herz durch den Heiligen Geist auf eine Begegnung mit Gott vorbereiten. Lobpreis bedeutet Hingabe an Gott und bereitet den Weg, mit Gott eins zu werden. Im Lobpreis stehen endlich nicht mehr wir selbst und unsere Wünsche und Sorgen im Mittelpunkt unserer Gebete. Wie befreiend kann das sein! Wir kommen zu Gott, um ihm selbst zu begegnen und seine Gegenwart zu genießen. Wir werden verändert, wenn wir innerlich intensiv im Lobpreis sind, und gehen erneuert aus einer solchen Lobpreiszeit heraus. Ängste sind (für eine Zeit lang) gewichen, wir wissen wieder, dass Gott groß und liebevoll genug ist, um uns in unseren Problemen weiterzuhelfen. Und was wir uns zuvor noch so dringend gewünscht haben, muss gar nicht mehr „sofort" passieren. Für eine Zeit erscheint es uns sogar möglich, notfalls auch ganz auf bestimmte Wunscherfüllungen zu verzichten und trotzdem erfüllt weiterleben zu können. Im Lobpreis nehmen wir immer mehr wahr, dass Jesus allein tatsächlich „genug" ist, wie wir so gern singen.

Wenn wir in den Lobpreiszeiten im Gottesdienst uns so für die Gegenwart Gottes zu öffnen lernen, wird es uns auch im Alltag leichterfallen, Gott öfter zu loben und ihm dadurch mehr zu begegnen.

Lobpreis als Kampfstrategie in unseren alltäglichen Kämpfen

Es ist eine biblisch belegte Realität, dass wir uns als Christen immerzu in einem geistlichen Kampf befinden. Nicht umsonst spricht Paulus vom „guten Kampf des Glaubens", den wir kämpfen sollen (vgl. 1. Timotheus 6,12). Vor allem, wenn wir uns Gott ganz hingeben, ihm noch entschiedener nachfolgen und ihn noch leidenschaftlicher loben wollen, können wir mit Angriffen des Feindes rechnen. Auch ich musste in den folgenden Jahren immer wieder erleben, wie mein Wunsch, Gott zu vertrauen und ihn zu preisen, umkämpft wurde. Doch auch in diesem Kampf hat sich unbeirrter Lobpreis als die beste „Kampfstrategie" bewährt.

Lobpreis als „Kampfstrategie" ist außerdem ebenfalls ein biblisches Prinzip – egal, ob wir es bei unseren Kämpfen mit unsichtbaren Mächten oder Feinden aus Fleisch und Blut zu tun haben.

In 2. Chronik 20,20-22 (Lutherbibel) lesen wir beispielsweise, wie sich Joschafat gegen die Truppen der Ammoniter und Moabiter und die Bewohner vom Gebirge Seïr verteidigt. Zuerst fordert er sein Volk dazu auf, Gott zu glauben, dann lässt er ein großes Lobpreiskonzert für ihn ertönen:

„‚Glaubet an den Herren, euren Gott, so werdet ihr sicher sein, und glaubet seinen Propheten, so wird es euch gelingen.‛ Und er [Josaphat] beriet sich mit dem Volk und bestellte Sänger für den Herrn, dass sie in heiligem Schmuck Loblieder sängen und vor den Kriegsleuten herzögen und sprächen: Danket dem Herrn! Denn seine Barmherzigkeit währet ewiglich. **Und als sie anfingen mit Danken und Loben** [Hervorh. d. Verf.], *ließ der Herr einen Hinterhalt kommen über die Ammoniter und Moabiter und die vom Gebirge Seïr, die gegen Juda ausgezogen waren, und sie wurden geschlagen.“*

Von dieser außergewöhnlichen Kampfstrategie können wir viel für unsere eigenen alltäglichen Kämpfe lernen. Vielleicht haben wir gerade keine äußeren Feinde, aber gegen unsere inneren Feinde (zum Beispiel schlechte Gewohnheiten, Süchte, Lauheit im Glauben, Gleichgültigkeit, Disziplinlosigkeit, Mutlosigkeit usw.) müssen wir genauso entschieden ankämpfen und mit Lobpreis in Gemeinschaft mit anderen Christen oder allein den Einfluss Satans zurückdrängen, um „das Feld zu behalten".

Wie oft habe ich es erlebt, dass in meinem Kopf und Herzen „Krieg herrschte" zwischen negativen Gedanken und Gefühlen, die mich immer wieder „niedermachen" wollten, und den geistlichen Wahrheiten, die ich bereits erkannt hatte. In unserem Inneren tobt manchmal ein furchtbarer Kampf, aber im Lobpreis können wir uns ganz zu Gott flüchten, ihm unsere negativen Gedanken und Gefühle abgeben, uns an biblischen Wahrheiten festhalten und uns von Jesus durch seinen Heiligen Geist Frieden schenken lassen. Dies kann durchaus ein längerer

Prozess sein, aber Lobpreis ist für mich dabei der schnellste Weg in Gottes sichere Arme.

Wir dürfen nicht zulassen, dass es Satan immer wieder gelingt, uns mit unserem Ehepartner, unseren Kindern und unseren Gemeindegeschwistern zu entzweien. Er schafft es, uns den anderen zunehmend als „Feind" sehen zu lassen, der uns angeblich daran hindert, glücklich zu sein oder voranzugehen. Wie schnell neigen wir dazu, uns gegenseitig mit Worten zu bekämpfen und uns in einem erbitterten verbalen Kampf viele Verletzungen zuzufügen, anstatt *gemeinsam gegen unseren gemeinsamen Feind zu kämpfen.*

Und dieser Feind ist nicht mein Nächster, mein Bruder oder meine Schwester im Glauben oder mein Ehepartner, sondern der Lügner, der uns unseren Partner, unseren Bruder oder unsere Gemeinde schlechtreden will, der kein gutes Haar an ihm oder ihr lässt und durch seinen Zerrspiegel Gottes Wahrheiten entstellt.

Mein Feind ist nicht aus Fleisch und Blut, sondern die Finsternis, die uns zuerst die Freude am Gebet und am Lobpreis stiehlt und dann immer mehr unsere Herzen verhärten will. Ist das geschehen, setzen wir unsere eigenen unbarmherzigen Ansprüche zum Maßstab; wir wissen genau, was der andere alles tun müsste. Unser Herz beginnt, die Fehler am anderen zu sehen und Listen darüber zu führen, anstatt die Leben spendende, ermutigende und verändernde Liebe Gottes für mein eigenes Herz *und* für meinen Nächsten zu empfangen.

Unser Feind ist die Finsternis in unserem Herzen, weil wir es viel zu selten zu Gott bringen und wenig oder nur oberflächlich beten, statt um Hilfe, Beistand und die Kraft des Heiligen Geistes zu *flehen* und Gott im Lobpreis anzuschauen. Wenn die Finsternis sich in unserem Herzen ausbreitet, können wir schließlich nicht mehr sehen, in welchem Zustand sich unser eigenes

Herz befindet, sodass wir uns immer im Recht fühlen und der allergrößte Teil der Schuld in unserer Wahrnehmung immer bei dem anderen liegt.

Dass wir sicher auch „etwas Schuld" haben, kann in diesem Zustand unseres Herzens leicht zur Floskel verkommen, die eher als Trittbrett dient, um mich dann umso ausführlicher über die schlechte Gemeinde oder den „unbelehrbaren Bruder" äußern zu können. Aber Gott fängt *immer* bei meinem eigenen Herzen an. Auch wenn ich mich absolut im Recht fühlte, hat Gott mir jedes Mal schmerzlich gezeigt, wo mein Anteil von Schuld im Streit liegt und wie sehr ich die andere Seite missverstanden habe. Mein Bruder ist ganz sicher nicht der Feind.

Wenn wir Gott mit ungeteiltem Herzen und aus der Tiefe unseres Seins loben wollen, können wir das nur tun, wenn wir Gott zuvor erlauben, aus unserem Herzen auszuräumen, was dort nicht hingehört. Wir bitten Gott, uns unsere Schuld zu zeigen, und bitten ihn um Vergebung. Wir bitten Gott, dass sein Heiliger Geist uns neu ausfüllt, alle Finsternis und Lieblosigkeit aus unseren Herzen vertreibt und dass unser Herz durch seine Liebe erneuert wird.

Danach können wir unseren Blick wieder auf Gott und seine Herrlichkeit richten und uns seine liebevollen Zusagen vergegenwärtigen, anstatt alles für „aussichtlos", „sinnlos" und „zwecklos" zu halten. Wir werden uns wieder bewusst, dass für Gott nichts unmöglich ist und dass er immer zum Ziel kommt; dass er der Herr über unsere Ehe und über unsere Gemeinde ist, dass er es „herrlich hinausführen wird" und Satan einfach nicht das letzte Wort haben wird.

Wir preisen Gott dafür, dass sein Geist in unserer Gemeinde, an meinem Bruder und an mir wirkt und uns gemeinsam wachsen lässt. Wir haben die Wahl: Wir können uns gegenseitig fertigmachen und in Pessimismus verfallen oder unsere

Schuld bekennen und zusammen im Lobpreis aufschauen, Gottes Geist neu empfangen und Gott selbst für uns kämpfen lassen (vgl. 2. Mose 14,14). Dann können wir unseren Teil in der Kraft des Heiligen Geistes dazu beitragen, dass Ehe, Familie und Gemeinde gelingen.

Lobpreis wird dabei den Einfluss der Finsternis mit all ihren negativen und zerstörerischen Gedanken zurückdrängen, weil wir im Lobpreis Gott anschauen, der durch und durch Licht ist und alles Dunkle besiegt hat.

Gott und seinen Willen in einer Streitsituation zu suchen schließt die demütige Bereitschaft ein, dass ich unter Umständen meine Perspektive und meine Pläne aufgeben muss, statt sie mit allen Tricks und Mitteln gegen meinen Gesprächspartner durchzudrücken beziehungsweise mich beleidigt zurückzuziehen, weil man ja sowieso nicht „auf mich hört".

Der Heilige Geist will die Überzeugungsarbeit leisten für das, was *Jesus* für gut befindet, doch dazu müssen wir ihm Zeit geben, unsere Herzen wirklich leer und demütig zu machen. Danach können wir jeden Vorschlag gemeinsam vor Gott bringen und suchend empfangen, was ihm daran gefällt und wovon er eher abrät. Dies kann sich dann im Laufe eines Gesprächs herauskristallisieren, doch dann ist dieses Gespräch kein *Streit*gespräch mehr, bei dem wir uns unsere Argumente um die Ohren hauen, sondern ein wertschätzendes Abwägen aller Gedanken in dem Bewusstsein, dass Jesus mit am Tisch sitzt, um dessen Willen es geht. Sollte sich das Gespräch verhaken, im Kreis drehen oder sich Ratlosigkeit unter allen Beteiligten breitmachen, kann man sich wieder an Gott wenden und um seinen Rat und seine Sicht der Dinge bitten.

Gott zu loben bedeutet, von mir wegzusehen, um ihn anzuschauen. Gott für seine Weisheit, Liebe und Herrlichkeit zu loben lässt etwas von seinem Wesen in unsere Herzen und

Gespräche fließen. Insofern ist Lobpreis auch heute noch unsere „Kampfstrategie", um in unseren Ehen, Familien und Gemeinden eins zu sein und für Gottes Reich gemeinsam „Land einzunehmen".

Für mich war es ein Prozess, mir Lobpreis auch in diesen kleineren und größeren Kämpfen des alltäglichen Lebens als Lebensstil anzugewöhnen, doch es hat mich ermutigt, immer wieder zu erleben, wie „der Feind" mit Lobpreis tatsächlich besiegt werden konnte und wie sich unangenehme Gespräche dadurch gewandelt haben. Ein paar Jahre später wurde ich dann noch einmal mit unserem größten Feind konfrontiert …

Lobpreis zwischen Leben und Tod

Lobpreis im Angesicht des (realen) Todes

„Der letzte Feind, der vernichtet wird, ist der Tod“, schreibt Paulus in 1. Korinther 15,26. Tod ist eine gewaltige, unübersehbare und unumstößliche Tatsache in unserem Leben. Vom Moment der Zeugung an leben wir auf unseren irdischen Tod hin. Wir wissen, dass wir sterben müssen. Es ist erstaunlich, wie nachdrücklich wir diese Tatsache tagtäglich von uns wegschieben und wie die meisten von uns recht unbeschwert vor sich hin leben können.

Andererseits scheint die verdrängte Angst vor dem Tod in unserer westlichen Gesellschaft in vielen grotesken Verhaltensweisen zum Ausdruck zu kommen: Viele von uns flüchten sich in eine übersteigerte Geschäftigkeit, sind immer in Eile, immer überlastet. Zum einen fühlt man sich in dieser vergänglichen Welt dann wichtig genug, zum anderen will man ja bloß nichts verpassen, bevor die eigene Lebenszeit abgelaufen ist. Vor allem aber läuft man nicht Gefahr, in der Stille mit sich selbst, seinen Gedanken und der Frage nach dem Sinn des Ganzen konfrontiert zu werden. Menschen, die nicht an Gott glauben, leben oft ganz bewusst nach dem Motto: „Lasst uns heute feiern, denn morgen sind wir tot." Was sie in dieser Welt nicht mitnehmen und erleben, scheint für immer verpasst, denn „man lebt nur einmal".

Als Christen glauben wir an ein ewiges Leben. Und doch ist der irdische Tod eine Tatsache, die auch auf unser Leben einen Schatten wirft. Der Tod bedeutet auch für Christen große Verluste, Schmerz und Trauer. Und auch als Christen stehen wir oft fassungslos an einem offenen Grab, wenn ein geliebter Mensch gestorben ist.

Und doch hat Jesus den Tod besiegt. Er ist die Auferstehung und das Leben. Beim Verlust eines geliebten Menschen leben wir als Christen in der Spannung zwischen Fassungslosigkeit und Schmerz auf der einen Seite und dem jubelnden Ruf des Paulus auf der anderen Seite: *„Tod, wo ist dein Sieg? Tod, wo bleibt nun deine Macht?"* (1. Korinther 15,55).

Ich möchte anhand einiger persönlicher Beispiele erzählen, wie ich mich selbst mit dem Thema „Tod" auseinandersetzen musste und wie das bewusste Loben Gottes in den jeweiligen Situationen eine Hilfe war, die Fassungslosigkeit zu überwinden und in den Jubelruf des Paulus einzustimmen.

Als Kind war es für mich kein Problem zu glauben, dass mein Opa und später auch mein Onkel nach ihrem Tod „in dem schönsten Land, das man sich überhaupt nur vorstellen kann" sind. Ich war sicher, dass sie jetzt alles hatten, was sie sich je gewünscht hatten, und konnte die Trauer der Erwachsenen nicht teilen. Es war seltsam, dass meine Oma nun immer allein war, aber ich war überzeugt davon, dass ich meinen Opa wiedersehen würde.

Meinen Onkel hatte ich immer als sehr gestresst von der Arbeit erlebt. Er litt viel unter starken Kopfschmerzen und wünschte sich sehnlichst einen Urlaub. Als er einige Wochen vor seinem Urlaub mit einem Herzinfarkt auf der Arbeit zusammenbrach und kurz darauf verstarb, war ich sicher, dass er nun, von jeder Last befreit, viel mehr als bloß einen Urlaub bei Gott geschenkt bekam. Ich konnte sie mir ausmalen, diese wunderschöne Welt bei Gott.

Mit den Jahren war meine Sicht auf Leben und Sterben unbemerkt eine andere geworden. Als mein Vater noch vor meiner Hochzeit an Krebs erkrankte und die Ärzte ihm eröffneten, dass sie nichts mehr für ihn tun konnten, war ich einfach nur verzweifelt. Während mein Vater die verschiedenen Stadien seiner Krankheit durchlebte, klammerte ich mich an der Hoffnung auf ein Wunder fest. Tod durfte einfach nicht passieren. Oft kam ich von einem Besuch bei ihm zurück in die kleine Studentenwohnung, in der ich damals noch wohnte, und saß danach erst einmal wie gelähmt auf einem Stuhl. Meine Gedanken kreisten um die traurigen und qualvollen Bilder, und ich konnte mich einfach nicht mehr rühren. Nachdem ich wieder einmal lange so dagesessen hatte, nahm ich plötzlich wahr, wie die leise innere Stimme des Heiligen Geistes mir zuflüsterte: „Ele, wenn du schon hier sitzt und grübelst und grübelst, dann teile doch wenigsten deine Gedanken mit mir."

Und so legte ich im Gebet alles, was mich so schwer belastete, Jesus hin. Ich dachte an das, was ich über Lobpreis gelernt hatte, und ging dazu über, Gott ungeachtet dessen, was ich gerade mit meinem Vater mitgelitten hatte, zu danken. Ich dankte Gott dafür, dass er meinen Vater liebte. Ich pries ihn dafür, dass er seinen Sohn für ihn ans Kreuz gegeben hatte und dass Jesus auch *seine* Schuld auf sich genommen hatte. Ich pries ihn dafür, dass er am Kreuz auch seine Krankheit getragen hatte und dafür, dass er nun mitten im Leid bei meinem Vater war. Mit traurigem Herzen beschloss ich, Gott sogar dafür zu preisen, dass er in seiner Weisheit diese schwere Krankheit ganz bewusst bei meinem Vater so zugelassen hatte und dass seine Gedanken höher sind als meine.

Im Lobpreis begann ich dann ganz allmählich zu begreifen, dass Gott womöglich diesen schweren Weg der Krankheit für meinen Vater gewählt hatte, damit er sich noch einmal ganz bewusst mit der Frage nach Jesus Christus auseinandersetzen würde. Denn obwohl mein Vater sich sein ganzes Leben lang viele Gedanken über das Leben nach dem Tod gemacht und sich für Metaphysik interessiert hatte, war er noch nicht in einer persönlichen Beziehung mit Jesus als seinem Herrn und Gott verbunden.

Und so wagte ich, in zaghaften Gebeten Gott dafür zu preisen, dass er in seiner Barmherzigkeit mit meinem Vater diesen Weg ging, um ihn ins ewige Leben einzuladen. Ich pries ihn für das Leid, das dieser Weg mit sich brachte und das Gott offensichtlich als notwendig erachtete, damit mein Vater sich ihm zuwenden würde.

Und ich pries Gott dafür, dass er meinen Vater noch viel mehr liebte als ich es tat. Ich pries Gott dafür, dass er einmal jedes Leid beendet und dass es den Himmel wirklich gibt.

Und dann spürte ich, wie der Heilige Geist mir diese Wahrheit Gottes, die ich mit meinem Verstand als Lobpreis ausgesprochen hatte, auch tief in meinem Herzen offenbarte: Jedes Leid ist endlich. Entgegen dem, was ich sehe und unerträglich finde an Stunden oder auch nur Minuten von Schmerz und Qual, ist jedes Leid endlich. Ich sah ein unendliches All mit einer winzig kleinen Welt und der noch winzigeren Spanne Lebenszeit eines Menschen, und in dieser winzig kleinen Spanne Lebenszeit war der Schmerz, wie furchtbar er war, nur ein mikroskopisch kleines Staubkörnchen vor einer überwältigenden, niemals endenden Herrlichkeit. Ich begriff tief in meinem Herzen, was Paulus meinte, als er schrieb: *„Ich bin ganz sicher, dass alles, was wir in dieser Welt erleiden,* **nichts** *ist verglichen mit der Herrlichkeit, die Gott uns einmal schenken wird"* (Römer 8,18; Hervorh. d. Verf.).

Für einen kurzen „Ewigkeitsmoment" konnte ich alles aus Gottes Perspektive sehen und eine tiefe Anbetung breitete sich in meinem Herzen aus. Auch wenn ich danach „zurückkehrte" in mein Studentenzimmer und am nächsten Morgen erneut traurig war, wurde es doch von Tag zu Tag leichter, im Lobpreis auch die „Ewigkeitsperspektive" einzunehmen. Wenn ich abends so den Tag im Gebet abschloss, stand ich wirklich getröstet von meinem Stuhl auf und legte mich ganz beruhigt schlafen. Ich schlief ganz im Frieden ein, schlief tief und erholsam, wachte kein einziges Mal auf und kannte keine Albträume. Das war wirklich ein Phänomen, so tief und gut schlafen zu können in einer Zeit, in der wir zusehen mussten, wie mein Vater immer mehr abbaute.

Ich war dankbar, dass meine kleine Gemeinde in Berlin viel für meinen Vater betete, obwohl nur wenige ihn persönlich kannten. Tatsächlich war es so, dass ich bemerkte, dass mein Vater das Johannesevangelium zu lesen begann! Ich hatte ihm vor längerer Zeit das Johannesevangelium geschenkt, und zwar die zwei kommentierten Bände der Wuppertaler Studienbibel. Zu meiner Enttäuschung hatten sie sehr lange auf einem Regal in seinem Arbeitszimmer gelegen. Jetzt konnte ich, wann immer ich zu Besuch bei meinen Eltern war und ins Arbeitszimmer trat, sehen, wie sich das Lesezeichen stückchenweise erst durch Band 1 und dann Band 2 bewegte. Gott war so gnädig, mir durch das Lesezeichen zu zeigen, dass mein Vater die Bücher sorgfältig durchlas. Und ich pries Gott dafür, dass er versprochen hat, dass sein Wort niemals leer kommt und ausrichtet, wozu Gott es sendet!

In diesen intensiven Gebets- und Lobpreiszeiten begann ich auch zu spüren, wie Gott mich jeweils auf das nächste Stadium der Krankheit meines Vaters vorbereitete, sodass ich mich darauf einstellen und tapfer sein konnte, wenn es wieder ein Stück bergab ging. All meine Verzweiflung brachte ich beständig zu Gott, um ihm danach im Lobpreis mein Vertrauen auszusprechen für jeden Schritt, den mein Vater noch auf diesem Weg gehen musste. Gott weiß, was er tut, er bemisst das Leid. Und er geht mit jedem Menschen einen ganz individuellen Weg, um sich ihm zu offenbaren. Gleichzeitig betete ich weiter für Heilung. Ich wusste, dass Gott meinen Vater auch noch im allerletzten Stadium völlig gesund machen könnte. Wenn mich jemand fragte, wie es meinem Vater ginge, antwortete ich: „Er wird jetzt künstlich ernährt. Aber er kann immer noch gesund werden!"

In all der Zeit gab es nur sehr wenige Gespräche mit meinem Vater über Gott. Wir hatten uns immer ein wenig schwergetan, sehr persönlich miteinander zu reden. Zu Ostern schrieb ich ihm deshalb einen Brief, in dem ich ihm erzählte, was mir der Tod und die Auferstehung von Jesus bedeuten. Ich schrieb ihm, dass Jesu Tod am Kreuz und seine Auferstehung zeigen, dass Satan mit dem bösesten aller seiner Pläne gescheitert ist. Satan konnte Gottes Sohn nicht töten. Sein scheinbarer Triumph besiegelte vielmehr seine eigene totale Niederlage.

Ich schrieb ihm, dass Gott uns durch das Leiden seines Sohnes von aller Schuld erlöst und uns mit dessen Tod und Auferstehung ewiges Leben geschenkt hat. Ich sagte ihm, dass die Menschen, die unterm Kreuz weinten, weil vor ihren Augen die schlimmste Katastrophe aller Zeiten passierte (Gottes Sohn *stirbt* am Kreuz), noch nicht erfassen konnten, was in der sichtbaren und der unsichtbaren Welt Jesu Worte bedeuteten: „Es ist vollbracht."

Und dass wir auch heute, auch wenn wir leiden und alles nach einer Katastrophe aussieht, dennoch mit Jesus Christus auferstehen und für immer in seiner Herrlichkeit leben dürfen, wenn wir unser Vertrauen auf ihn setzen.

Nur wenige Tage bevor mein Vater ins Koma fiel, schenkte ich ihm eine Karte mit dem Vers aus Hebräer 11, 27, (Lutherbibel), in dem es von Mose heißt: *„Er hielt sich an den, den er nicht sah, so als sähe er ihn."* In einem beigelegten Brief versicherte ich meinem Vater, dass Gott bei ihm sei, und schrieb ihm die folgenden Verse aus Offenbarung 21,1-7:

„Dann sah ich einen neuen Himmel und eine neue Erde. Denn der vorige Himmel und die vorige Erde waren vergangen, und auch das Meer war nicht mehr da. Ich sah, wie die heilige Stadt, das neue Jerusalem, von Gott aus dem Himmel herabkam: festlich geschmückt wie eine Braut für ihren Bräutigam. Eine gewaltige Stimme hörte ich vom Thron her rufen: ;Hier wird Gott mitten unter den Menschen sein! Er wird bei ihnen wohnen, und sie werden sein Volk sein. Ja, von nun an wird Gott selbst in ihrer Mitte leben. Er wird ihnen alle Tränen abwischen. Es wird keinen Tod mehr geben, kein Leid, keine Klage und keine Schmerzen; denn was einmal war, ist für immer vorbei.'

Der auf dem Thron saß, sagte: ,Sieh doch, ich mache alles neu!' Und mich forderte er auf: ,Schreib auf, was ich dir sage, alles ist zuverlässig und wahr.' Und weiter sagte er: ,Alles ist in Erfüllung gegangen. Ich bin der Anfang, und ich bin das Ziel, das A und O. Allen Durstigen werde ich Wasser aus der Quelle des Lebens schenken. Wer durchhält und den Sieg erringt, wird dies alles besitzen. Ich werde sein Gott sein, und er wird mein Kind sein.'"

Ich kann nicht beurteilen, ob mein Vater diese Worte in seiner schweren Krankheit als Trost und Wahrheit angenommen hat, aber er streckte sich danach aus. Für mich wurden sie durch Lobpreis zu einer tiefen Gewissheit in meinem Herzen und trugen mich, als mein Vater drei Wochen später starb.

Sehr viele Menschen kamen zur Beerdigung meines Vaters. Noch bevor der Pastor die Trauergemeinde begrüßte, begann er, eine Bibelstelle vorzulesen. Dann folgte eine weitere und noch eine. Er las ungefähr zehn Minuten lang einfach nur Gottes Worte vor! Es waren all die Bibelstellen, die ich entweder meinem Vater geschrieben hatte oder die ich in meinen Gebeten und im Lobpreis proklamiert hatte. Sogar die Stelle *„Er hielt sich an den, den er nicht sah, so als sähe er ihn"* war dabei. Es war, als ob Gott mir jedes einzelne Wort, das er mir in den vergangenen Wochen geschenkt hatte, noch einmal deutlich vor Augen führen wollte. Große Ehrfurcht überkam mich, als ich spürte, wie Gott zu meinem Herzen sprach: „Du kannst dich auf meine Worte verlassen. Mein Wort kehrt niemals leer zurück, sondern richtet aus, wozu ich es sende." Ich nahm dies auch als die ersehnte Antwort von Gott, dass er meinen Vater zu sich in den Himmel geholt hatte.

In der ganzen Zeit des Abschiednehmens half mir Lobpreis, über den Horizont dieser Welt hinauszusehen. Der Himmel war nicht länger ein abstrakter Ort des Vertröstens, sondern ein real existierender Ort.

Lobpreis in irrationalen Todesängsten

Mein Vater starb zwei Jahre bevor mein Mann und ich heirateten. Als der Tag unserer Hochzeit gekommen war, waren wir überglücklich und auch nach drei Jahren Freundschaft und zwei Jahren Verlobungszeit immer noch unbeschreiblich verliebt.

Kurz nach unserer Hochzeit erfasste mich eine irrationale Angst, die immer mehr von mir Besitz ergreifen wollte.

Gerade in den glücklichsten Momenten huschte immer öfter der Gedanke durch meinen Kopf: „Wenn Matthias stirbt, wirst du am Boden zerstört sein. Du wirst nie wieder glücklich sein können. Vielleicht bist du nicht einmal bei ihm in seiner Todesstunde, wenn er nach dir ruft, und er muss ganz allein sterben!"

Auch andersherum spielten mir meine Gedanken ein dunkles Szenario vor: Wenn du stirbst, wird Matthias dich für immer vermissen. Davon wird er sich nie mehr erholen, und er wird sich für immer qualvoll fragen, was du ihm gern noch gesagt hättest, und für immer bedauern, dass er nicht bei dir sein konnte.

Ich konnte diese Gedanken zwar irgendwann immer wieder beiseiteschieben, aber sie hatten nichts in meinem Kopf zu suchen!

Jeden Morgen, wenn Matthias ins Biologieinstitut zu seiner Arbeit fuhr, stand ich am Fenster unserer Wohnung im dritten Stock, um mich zu vergewissern, dass er auch keinen Unfall in der engen Kurve der sehr befahrenen Hauptverkehrsstraße hatte! Matthias versicherte mir, dass es sich um eine ganz normale Kurve handelte und genug Platz für zwei einander entgegenkommende Fahrzeuge war. Mir wurde klar, dass sich in meine Angst etwas Irrationales zu mischen begann.

So konnte es nicht weitergehen. Ich beschloss, meine Angst in Lobpreis zu verwandeln, damit Gott sie besiegen würde. Wann immer die Angst kam, begann ich, Gott zu preisen: Ich pries ihn für die Angst und dass ich mich auf diese Art mit Matthias' und meinem Tod auseinandersetzen musste. Ich pries Gott dafür, dass er sich auch in dieser Angst verherrlichen würde und ich mit seiner Hilfe lernen würde, damit umzugehen. Dann pries ich ihn sehr bewusst dafür, dass er uns das Leben geschenkt hatte und auch den Zeitpunkt unseres Todes bestimmen würde – den Zeitpunkt, wann wir in seine Herrlichkeit gehen dürfen. Ich pries Gott dafür, dass er bei mir sein wird in der Stunde meines Todes und auch ganz nah bei Matthias in der Stunde seines Todes. Ich pries Gott ausdrücklich dafür, dass er die Umstände und die Art unseres Todes bestimmen würde. Er würde bestimmen, ob wir in der Stunde des Todes für den jeweils anderen da sein könnten oder was für uns dann am besten sein wird. Ich pries ihn dafür, dass wir in den letzten Stunden in dieser Welt ganz in Gottes Hand geborgen sein werden – wie schon unser ganzes Leben lang. Ich pries ihn dafür, dass seine Herrlichkeit uns jedes Leid vergessen lassen wird und dass es so oder so immer ein Wiedersehen in Christus geben wird. Und ich pries Gott dafür, dass er den, der einmal zurückbleiben müssen würde, mit seinem ganzen Trost beistehen wird.

Das alles klingt jetzt vielleicht seltsam für dich, aber da die Gedanken um den Tod, die Art unseres Sterbens und das Zurückbleiben des jeweils anderen sowieso in meinem Kopf rotierten, konnte ich sie wenigsten „gefangen nehmen" und im Lobpreis Gottes Wahrheiten und Zusagen über diese Gedanken proklamieren.

In 2. Korinther 10,4-5 heißt es: „*[Die Waffen Gottes] sind mächtig genug, jede Festung zu zerstören, jedes menschliche Gedankengebäude niederzureißen, einfach alles zu vernichten, was sich stolz gegen Gott und seine Wahrheit erhebt. Alles menschliche Denken nehmen wir gefangen und unterstellen es Christus, dem es gehorchen muss.*"

Ich wurde ruhiger. Auch wenn die Angst täglich wiederkam, war es gut, Gott so zu loben. Ich wusste, dass das, was ich betete, die Wahrheit war, und die Angst konnte mich nicht mehr so massiv überfallen. Wenn ich morgens am Fenster stand und meinen Mann in die Kurve fahren sah, brachte ich mit zunehmender Gelassenheit und wachsendem Vertrauen meinen Lobpreis zu Gott.

Mehrere Wochen lang lobte ich Gott, wenn die Angst mich packen wollte, und ich konnte sie immer schneller von mir weisen.

Dann kam der Tag, an dem mein Mann zu einer langen Fahrt über die Autobahn von Berlin, unserer damaligen Heimatstadt, nach Wiedenest fahren musste, was mich beklommen machte. Wir verabschiedeten uns an der Wohnungstür. An der Wand hing eine Deutschlandkarte, auf der ich die langen Autobahnen und die weite Strecke deutlich sehen konnte. Leise betete ich: „Ich preise dich dafür, Herr, dass Matthias den ganzen weiten Weg in deiner Hand geborgen ist!" In diesem Moment schenkte mir Gott ein inneres Bild: Ich sah Gottes große Hand und auf seiner Hand lag Deutschland aus der Vogelperspektive wie eine Landkarte. Ich konnte die Berge, Wälder, Felder und Städte sehen und die Autobahnen; und ich sah Matthias' Schirokko die Autobahnen auf Gottes Hand in Richtung Westen entlangfahren. Er fuhr und fuhr und war die ganze Zeit in Gottes großer gütiger Hand. Wie wunderbar und beruhigend war dieses Bild! Ich begann, Gott aus ganzem Herzen zu preisen. Mit diesem heilenden Bild wich die Angst vollkommen und kam fünfzehn Jahre nicht mehr zurück.

In diesen fünfzehn Jahren mussten mein Mann und ich uns immerzu verabschieden, denn sehr oft musste mein Mann beruflich weite Strecken über Autobahnen fahren. Ich hatte keinerlei Angst mehr, dass er nicht gesund zu mir zurückkehren würde. Diese Frage stellte sich einfach nicht mehr. Ich glaube, dass Lobpreis viel dazu beigetragen hat, dass mein Herz für dieses innere Wunder offen wurde.

Von nun an blieben unsere vielen glücklichen Stunden unbeschwert und ungetrübt – keinerlei Störgedanken mehr. Erst als ich an Krebs erkrankte, musste ich mich erneut, aber dann aus realem Anlass, mit ähnlichen Gedanken auseinandersetzen, vor allem: Wie würde meine Familie im Fall *meines* Todes damit umgehen können?

Lobpreis in Trauer und Bitterkeit

Lobpreis im Angesicht des realen oder befürchteten Todes kann uns helfen, Gottes Gegenwart wahrzunehmen, sein Reden zu hören und konkret getröstet zu werden. So war es auch beim Tod meiner Mutter, die meinen Vater um achtzehn Jahre überlebte. Ich hatte mich immer davor gefürchtet, auch sie zu verlieren und den Gedanken daran immer energisch beiseitegeschoben, weil er mir Panik machte.

Gott wusste, wie sehr ich mich fürchtete, und so begann er, mich sehr früh durch Träume darauf vorzubereiten, dass der Tod erneut in unsere Familie kommen würde. Da ich nun schon länger erfahren hatte, dass Gott auch durch innere Bilder und Träume zu mir sprach, nahm ich diese „Vorankündigungen" Gottes absolut ernst. Und wenn ich Gott bewusst über das Angekündigte lobte, wurde ich ruhiger und konnte innere Kraft sammeln.

Im Herbst ging meine Mutter, die immer schlechter atmen konnte, das erste Mal zum Arzt. Der Arzt meinte, dass meine Mutter dringend einen Herzschrittmacher und eine neue Herzklappe bräuchte. Ihr Herz könnte jederzeit total versagen.

Inzwischen waren wir nach Wiedenest umgezogen, aber als ich von der Nachricht erfuhr, machte ich mich sofort auf den Weg nach Berlin. Ich betete viel für meine Mutter und lobte Gott für alles, was er in dieser Situation in seiner Weisheit und Liebe tat und tun würde. In der Nacht vor der OP schickte Gott mir einen Traum, in dem er mir noch einmal bestätigte, dass meine Mutter bald sterben würde.

Meine Mutter überstand die OP und hatte nun einen Herzschrittmacher, der ihren Zustand deutlich verbesserte. Trotzdem stand eine weitere OP aufgrund ihrer nicht mehr schließenden Herzklappe an. Zwischen den beiden OPs hatte ich noch einmal die Gelegenheit, vorsichtig mit ihr über Gott zu sprechen. Was hatten wir damals für fruchtlose Diskussionen geführt, als ich Jesus begegnet war und meiner Familie begeistert von ihm erzählt hatte. Über die Jahre hinweg war die Diskussion über meinen Glauben immer wieder einmal aufgeflammt, aber wir hatten uns immer nur im Kreis gedreht. Meine Mutter hatte in ihrer Kindheit infolge des Krieges viel Leid erlebt und konnte nicht glauben, dass es einen Gott gibt, der so viel Leid zulässt. Nach dem Tod meines Vaters hatte sie mehr denn je mit Gott gehadert.

Auch an dem Wochenende vor der zweiten OP, als ich wieder bei ihr war, stellte sie mir erneut die Frage nach Gottes Gerechtigkeit. Anders als sonst, hörte sie mir ohne das Einbringen ihrer typischen Gegenargumente einfach nur zu. Sie hörte mir zu, als ich ihr noch einmal erklärte, dass es einen neuen Himmel und eine neue Erde geben wird, dass dies für mich kein billiger Trost sei, kein Vertrösten auf ein Jenseits, um die Augen vor Leid in diesem Leben zu verschließen, sondern dass der Himmel für mich *Realität* ist. Sie ließ meine Worte so stehen.

Am Morgen der geplanten OP erlitt meine Mutter eine beidseitige fulminante Lungenembolie. Sie konnte wiederbelebt werden, erlitt dabei aber eine lebensgefährliche Leberblutung. Noch einmal wurde sie gerade noch so gerettet und danach wegen der zu erwartenden Schmerzen in ein künstliches Koma versetzt.

In den nächsten Tagen saß ich oft an ihrem Bett und betete leise. Ich pries Gott über ihrem Leben, dankte ihm, dass er sie ihr ganzes Leben lang geliebt hatte, auch wenn sie ihn ablehnte. Ich pries ihn für alle schönen und schweren Ereignisse, die er in ihr Leben gelegt hatte, und dafür, dass es sein tiefster Wunsch war, ihr zu begegnen. Auch pries ich Gott oft für seine Gegenwart in diesem Krankenzimmer und dass er mit mir an diesem Bett stand und auf sie aufpasste. Es tat gut, Gott so zu preisen, auch wenn ich sehr traurig war.

Eines Tages schenkte Gott mir einen wunderschönen Moment im Lobpreis, als er mich in einem Bild „sehen" ließ, dass Jesus wirklich am Bett meiner Mutter stand. Ich sah ihn als eine helle Gestalt, die am Kopfende des Bettes meiner Mutter stand und sich leicht nach vorne über meine Mutter beugte. Ihre Gesichtszüge und ihre Haltung drückten pure, unbeschreiblich große Barmherzigkeit aus. Ich sah *vollkommene* Barmherzigkeit für meine Mutter, die ihrem Heiland noch nie persönlich begegnet war. Ich war zutiefst bewegt und getröstet, denn Gott hatte mir erlaubt zu „sehen", was ich bisher nur im Glauben und im Lobpreis festgehalten hatte.

Leicht könnte man nun sagen: Da preist jemand gebetsmühlenartig und vielleicht völlig übermüdet und psychisch fertig Gott – ist ja klar, dass er irgendwann sieht, was er glauben will! Ich für mich weiß jedoch, dass ich mir diese vollkommene Barmherzigkeit, diese Schönheit und Reinheit nicht selbst hätte ausdenken können. Sie übertraf alles, was sich irgendein Mensch vorstellen könnte, jede Barmherzigkeit, die ein Maler in die Gesichtszüge eines Menschen legen könnte. Diese Barmherzigkeit kann ich dir nicht beschreiben. Noch heute jubelt mein Herz über diese geschaute Barmherzigkeit, und sie ist mein Trost, wenn ich am Bett eines schwer kranken Menschen stehe.

Obwohl meine Mutter nach sieben Tagen aus dem Koma zurückgeholt werden konnte, sich gut regenerierte und schließlich ohne weitere Komplikationen ihre neue Herzklappe bekommen konnte, sollte ich sie wenige Wochen später dennoch verlieren. Sie hatte sich einen Krankenhauskeim eingefangen. Die Ärzte waren zunächst optimistisch, dass dieser Keim schon mit entsprechenden Antibiotika in den Griff zu bekommen wäre. Meine Mutter ließ sich auch nicht entmutigen und lud alle ihre Freunde und Verwandte zu einem großen Fest ein, um ihr wiedergewonnenes Leben zu feiern. Doch daraus wurde nichts, stattdessen bekam sie hohes Fieber und musste zurück auf die Intensivstation. Dort fiel sie in ein septisches Koma. Der Keim hatte ihr Gehirn erreicht, in wenigen Stunden erst Gehör, dann Sprache, dann Bewusstsein ausgeschaltet.

Wieder saß ich am Krankenbett meiner Mutter, die nun nicht mehr ansprechbar war. Trotz des großen Schocks, der Verzweiflung und Traurigkeit pries ich Gott und sprach ihm erneut mein Vertrauen in seine große Liebe aus. Vor allem betete ich darum, dass Gott mir die Gewissheit geben würde, dass meine Mutter gerettet und später bei ihm sein würde.

Diese ganze schwere Zeit konnte ich nur überstehen, weil meine Gemeinde und Freunde so viel für mich beteten und ich selbst Gott immer wieder mein „Lobopfer" brachte. Ich begann den Tag mit Lobpreis, ich lobte Gott am Krankenbett meiner Mutter und ich beendete den Tag im Vertrauen und mit Lobpreis. Gott antwortete darauf durch Bibelstellen, mit denen er mich spürbar tröstete und die ich wie ein direkt zu mir gesprochenes Wort von ihm empfand. Als ich einmal das Krankenhaus verließ und sehr bedauerte, meine Mutter so allein zwischen lauter piependen Apparaten und Schläuchen zurücklassen zu müssen, pries ich Gott dafür, dass er selbst immer bei meiner Mutter war und sie nicht allein dort lag. Es war mir wichtig, diese Wahrheit immer neu im Lobpreis auszusprechen, um nicht von meiner Traurigkeit angesichts ihres Leids übermannt zu werden.

An diesem Abend, mitten auf dem langen Flur Richtung Ausgang, beschenkte Gott mich mit einem weiteren intensiven Bild: Ich sah einen großen Engel mit einem Siegeskranz auf seinem Haupt. Er beugte sich ganz nah über meine Mutter. Ich konnte sein Gesicht nicht sehen, aber ich „wusste", dass er sie mit strahlenden Augen ansah und ihr sagte, dass sie sich nicht zu fürchten brauche, dass sie es bald geschafft habe und dass die Herrlichkeit vor ihr lag. Gott ließ mich die großen, weichen, goldenen Schwingen des Engels sehen. Sie bedeckten sanft das ganze Bett meiner Mutter und hüllten sie ein, sodass nur noch ihr kleines Gesicht zu sehen war. Auch die Apparate und Schläuche waren hinter den Flügeln des Engels verschwunden. Es gab nur diesen großen, wunderschönen Engel Gottes und meine Mutter. Es ist dieser Anblick, den ich zuerst sehe, wenn ich an diese schwere Zeit zurückdenke.

Während ich Gott weiter in allem und für alles lobte, gab er mir in Träumen und weiteren Bildern zu verstehen, dass meine Mutter von uns gehen würde. Sie lag ganz still an den Apparaten, während ich Tag für Tag an ihrem Bett saß und leise betete. Ich bestürmte Gott, dass ich unbedingt wissen wollte, ob er sich meiner Mutter noch offenbaren würde. Am Spätnachmittag des sechsten Tages dankte ich Gott noch einmal für ihr ganzes Leben, ich dankte ihm dafür, dass er sie geschaffen und ins Leben gerufen hatte und dass er sie als seine Tochter, die ihn nie wirklich kennengelernt hatte, an sein Herz ziehen wollte. Ich pries ihn dafür, dass er, auch wenn sie ihn nicht wahrgenommen hatte, ihr ganzes Leben lang an ihrer Seite gewesen war als ihr Heiland, ihr guter Hirte und ihr Erlöser, der am Kreuz für sie gekämpft und ihren Tod getragen hat. Schließlich pries ich Jesus dafür, dass er Richter und Lamm ist.

In diesem Moment spürte ich plötzlich das Wirken des Heiligen Geistes. Ich spürte, wie er mich ganz tief in den Frieden über diese Wahrheit führte: Jesus Christus ist *zugleich* Richter und Lamm. Mehr musste ich nicht wissen. Ich brauchte keine konkrete Antwort mehr von Gott, was mit meiner Mutter geschehen würde, wenn sie vor ihn treten würde. Sie würde vor ihrem Richter stehen, der zugleich das Lamm Gottes ist, das in seiner Liebe die Sünden der ganzen Welt getragen und gesühnt hat. Der Heilige Geist zeigte mir diesen wunderbaren Richter, dieses Lamm Gottes. Mein Flehen und mein Wunsch, Gewissheit zu bekommen, lösten sich einfach auf. Während die Apparate weiter vor sich hin piepten, verwandelte sich mein Lobpreis in eine Anbetung, der vor Ehrfurcht und Dankbarkeit die Worte fehlten. Ich verneigte mich tief vor diesem unaussprechlich liebenden Richter und dem Lamm und fühlte mich eingehüllt in Frieden und Ewigkeit. Meine Mutter starb am nächsten Morgen.

Als die Vorbereitungen für die Beerdigung getroffen werden mussten, erfasste mich auf einer menschlichen Ebene der blanke Horror in Anbetracht der Tatsache, dass meine Mutter, die zwei OPs, eine Lungenembolie und eine Leberblutung weggesteckt hatte, nun von einem Krankenhauskeim „hingerichtet" worden war. Das war bitter, das war unfassbar. Alles in mir begehrte auf: Warum hatten Ärzte und Pfleger nicht besser aufgepasst, warum konnten sie sich nicht mehr Mühe geben, um absolut steril zu arbeiten? Meine Mutter hätte nicht sterben müssen, hätten alle die Hygienevorschriften eingehalten! Ihr Tod war so überflüssig, sie könnte noch bei uns sein! Wenn ich darüber nicht verzweifeln wollte, musste ich mich entscheiden: Ich konnte verbittert darüber werden, dass meine Mutter an einem Krankenhauskeim gestorben war, oder ich konnte aufschauen, glauben und sagen: Gott ist der Herr über Leben und Tod und hat meine Mutter zu dem von ihm gesetzten Zeitpunkt in die Ewigkeit geholt.

Mein Geist haderte sehr damit, dass Gott zugelassen hatte, dass meine Mutter aufgrund dieses Krankenhauskeims sterben musste. Satan schien mir hämisch zuzuflüstern: „Willst du Gott nun wirklich für alles preisen, auch für diesen Krankenhauskeim? Angeblich ist dein Gott ja unfehlbar und hat alles in der Hand ... Merkst du nicht, wie absurd das ist?"

Da der Horror nicht wich, beschloss ich genau das zu tun. Doch es war unendlich schwer, diese Worte über die Lippen zu bringen: „Ich preise dich dafür, Herr, dass du in deiner Weisheit, die so viel höher ist als meine, zugelassen hast, dass meine Mutter an diesem Krankenhauskeim gestorben ist." In der nächsten Nacht schenkte Gott mir einen heilsamen Traum. In einem Bild sah ich ein kleines Knäuel Geschenkband, auf dem viele kleine Punkte waren. Beim Aufwachen ließ Gott mich begreifen, dass ich den Krankenhauskeim absurderweise auch als eine Art „Geschenk" verstehen konnte: Punkt für Punkt hatte der Keim nahezu „sanft" die Synapsen im Gehirn meiner Mutter ausgeschaltet, sodass sie nicht lange bewusst hatte leiden müssen. Mit dieser Erkenntnis war der Horror gebrochen.

Gott schenkte mir eine tiefe Einsicht, die mich seitdem trägt, wenn ich, wie wir alle, immer wieder mit traurigen oder horrormäßigen Umständen eines Todes konfrontiert werde: Die Todesursache ist in Wahrheit angesichts seines göttlichen Handelns zweitrangig. Wir sind nicht tödlichen Keimen, betrunkenen Autofahrern, einer unheilbaren Krankheit oder Kriegen „ausgeliefert", sondern *Gott ruft uns zu sich in die Ewigkeit,* wenn wir sterben. Die Art unseres Todes, wie schrecklich sie auch erscheint, ist nur der Weg, auf dem unser Geist unseren Körper verlässt.

Ich entschied mich zu glauben, dass nicht etwa der Keim „gesiegt" hatte, sondern dass Gott meine Mutter voller Erbarmen zu sich gerufen hatte – ganz so, wie er es mir liebevoll in meinen Träumen angekündigt und durch einen Vers aus seinem Wort bestätigt hatte, den ich im Gebet einmal für sie empfangen hatte: *„Nur für eine kleine Weile habe ich dich verlassen, doch mit großem Erbarmen hole ich dich heim"* (Jesaja 54,7; Lutherbibel).

Nach dem Tod meiner Mutter fuhren wir bis zur Beerdigung für einige Tage zurück nach Wiedenest. Wir kamen an einem Samstag spätnachts nach Hause. Erschöpft von den letzten Wochen und der langen Fahrt, dachte ich am Sonntagmorgen, dass ich mich an diesem Tag nicht einen einzigen Zentimeter bewegen und einfach im Bett liegen bleiben würde. Aber schon im nächsten Augenblick dachte ich mir: „Ach komm, Lobpreis ist immer ein gute Idee!"

Ich raffte mich auf und ging mit meiner Familie zum Gottesdienst. Es war wunderschön, in einer langen Anbetungszeit innerlich vor dem Thron Gottes zu stehen. Ich pries Gott noch einmal für alles, was in den letzten Wochen geschehen war und dass er meine Mutter über alles liebt und immer begleitet hatte, auch wenn sie ihn in ihrem Leben so wenig kennengelernt hatte. Und ich pries ihn noch einmal dafür, dass er mir Frieden geschenkt hatte mit dem Wissen, dass Jesus zugleich Richter und Lamm ist.

In diesem Moment sah ich meine Mutter in einem Bild, das – symbolisch! – die himmlische Realität abbildete. Ich sah sie als etwa sechsjähriges Mädchen mit langen, dunklen Locken. Sie trug ein Kleid von weiß strahlendem Leinen. Ich konnte die besondere Struktur des Leinens erkennen mit winzigen, reinsten, funkelnden Diamanten, die darin eingewoben waren. Sie lag in den Armen Gottes, der in dem Bild ebenfalls ein weißes Gewand trug. Ich konnte sein Gesicht nicht sehen, aber er herzte das kleine Mädchen und warf es mehrmals fröhlich in die Luft, um es gleich wieder aufzufangen. (Daher wusste ich, dass Gott mir diesen symbolisch-bildlichen Eindruck geschickt hatte und das Bild nicht durch meine eigene Fantasie entstanden war; niemals hätte ich mir Gottvater so übermütig-glücklich vorgestellt, weil in meinen Vorstellungen von ihm immer seine Heiligkeit überwiegt.) Dann hielt Gott das kleine Mädchen ganz still in seinen Armen. Es sah auf und blickte lange und fragend, aber voller Vertrauen zu ihm hinauf. Ich sah nur das Gesicht des kleinen Mädchens, aber ich „wusste", dass es direkt in die Augen Gottes schaute. Sie würde Gott viele Fragen stellen und er würde sie ihr alle beantworten.

Mir ist bewusst, dass sich kein Mensch anmaßen kann, mit absoluter Sicherheit behaupten zu können, was mit einem geliebten Menschen nach dessen Tod passiert. Doch was ich mit absoluter Sicherheit behaupten kann, ist, dass Gott mir eine große Hoffnung ins Herz gelegt hat, dass meine Mutter nun wirklich bei ihm ist. Dieses himmlische Bild war so intensiv, dass mich erneut eine tiefe Ehrfurcht und Dankbarkeit überkommt, während ich diese Zeilen schreibe.

Gott hat mich sehr begleitet durch diese schwere Zeit und mich Schritt für Schritt auf den Tod meiner Mutter vorbereitet. Ich durfte dabei durch seine Worte in der Bibel, aber auch durch besondere Träume und Bilder, von denen ich hier längst nicht alle aufgeschrieben habe, viel Einblick nehmen in die unsichtbare Wirklichkeit. Ich durfte so vieles lernen über unser Sterben und noch tiefer begreifen, dass angesichts der Gegenwart Gottes jeder Schmerz verblasst und dass unser oft sehr mühsamer, qualvoller oder sogar „fremdverschuldeter" Weg aus dieser Welt dann keine Rolle mehr spielt und *wirklich* alles gut ist.

Die Fürbitten meiner Freunde und meiner Gemeinde haben enorm dazu beigetragen, dessen bin ich sicher. Ich denke, dass es aber auch diesmal mein bewusster Lobpreis war, der den Weg geebnet hat, damit der Heilige Geist mehr Zugang zu meinem Herzen bekam und mir Gottes Wege offenbaren konnte.

Im Lobpreis habe ich Kraft empfangen und mein Vertrauen

in Gott wurde gestärkt. Lobpreis ließ die beklemmende Krankenhausatmosphäre verschwinden und ich konnte Gott aus ganzem Herzen am Krankenbett meiner Mutter anbeten. Und Lobpreis hat verhindert, dass ich verbittert über ihre Todesursache geworden bin. Es ist so viel erhebender, im Lobpreis Gott anzuschauen, als Horror und Bitterkeit im Herzen zu haben. Dabei war es völlig ausreichend, dass ich mich zunächst nur mit meinem Verstand dazu entschloss, mich im Lobpreis in Gottes Arme zu flüchten, auch wenn diese Gefühle noch in mir waren. Satan konnte seine Attacke nicht fortsetzen und ich wurde von Bitterkeit und blankem Entsetzen geheilt.

Trotz des schmerzhaften Abschieds von meinem Vater und von meiner Mutter durfte ich erfahren: Auch in schweren Zeiten ist Lobpreis ein wunderschöner Weg, Gott zu begegnen.

Lobpreis als „Opfergabe"

Lobpreis und das damit verbundene Eintauchen in Gottes Gegenwart hebt uns immer ein bisschen heraus aus Raum und Zeit und lässt uns die Dinge aus der Perspektive der Ewigkeit betrachten. In dunklen Stunden fällt es uns dennoch schwer, Gott zu loben. Das habe ich am Sterbebett meiner Mutter selbst erfahren.

Es wundert deshalb nicht, dass in der Bibel in diesem Zusammenhang auch von einem „Opfer" gesprochen wird. So fordert Gott in Psalm 50, 23 (Lutherbibel) die Israeliten dazu auf, ihm Dank „zu opfern":

„Wer Dank opfert, der preiset mich, und **da** [Hervorh. d. Verf.] *ist der Weg, dass ich ihm zeige das Heil Gottes."*

Während die Israeliten dabei sind, Gott in ihrer Not Dank zu opfern, zeigt er ihnen sein Heil. Das gilt auch für uns. Unser Lobpreis kann in schweren Zeiten wie ein Opfer an Gott aus reinem Gehorsam sein. Wir loben ihn, weil wir vom Verstand her wissen, dass Gott vollkommen gut ist und deshalb immer und überall Lob verdient – egal, wie wir uns gerade fühlen. Wenn wir verzweifelt sind, ihm unser Leid geklagt haben und uns danach entschließen, ihn zu loben, ist das nicht geheuchelt. Es ist ein Willensakt und ein Schritt des Gehorsams. Und ich kann Gott unabhängig von meinen Gefühlen gehorchen. Auch in vielen anderen Bereichen gehorchen wir Gott, obwohl uns gefühlsmäßig nicht danach ist. Wir gehorchen ihm, weil wir *wissen*, dass es gut für uns ist, seine Gebote und Weisungen zu befolgen. Gehorsam ohne euphorische Gefühle ist keine Frage von Heuchelei, sondern eine verstandesmäßige Entscheidung, das Richtige zu tun. Die oben genannte Bibelstelle lädt uns ein, Gott zu loben und ihm Dank zu „opfern" mit der Verheißung, dass er uns sein Heil zeigen wird. Diese Verheißung gibt uns Gott aus seinem eigenen Wort.

Auch im Neuen Testament spricht die Bibel von einem „Lobopfer".

Der Hebräerbrief, in dem es ums Durchhalten unter Verfolgung und um das Festhalten an dem Bekenntnis der Hoffnung und des Glaubens selbst im Angesicht von Folter und Tod geht, schließt mit den Worten: *„Wir haben hier keine bleibende Stadt, sondern wir suchen die zukünftige. So lasst uns nun durch ihn [Jesus] allezeit Gott das Lobopfer darbringen; das ist die Frucht der Lippen, die seinen Namen bekennen"* (Hebräer 13, 14-15; Lutherbibel).

Zum Lob Gottes Jesu Namen zu bekennen bedeutet, daran festzuhalten, dass er voller Liebe und Barmherzigkeit ist und für uns Sünde und Tod überwunden hat. Jesu Namen zu bekennen

bedeutet, daran festzuhalten, dass Jesus der Sieger ist, der uns –
komme, was wolle – niemals hergeben wird, bis wir beim Vater
angekommen sind. Denn ja, es stimmt: Er wird uns sein Heil
zeigen, deshalb können wir ihm jederzeit unser Lob opfern.

Zwischen Lobpreis und Klage

Lobpreis für „Erziehungsmaßnahmen"

Wir hatten uns nach unserem Umzug nach Wiedenest inzwischen gut eingelebt und neue Freunde gefunden. Inzwischen waren wir sogar eine Familie geworden: Gott hatte uns zu unserer Tochter noch einen Sohn geschenkt. Mein Mann war glücklich mit seiner neuen Arbeitsstelle als Referent für Seelsorge und Männerarbeit im Forum Wiedenest und auch für unsere Tochter lief alles gut. Ich war rundum zufrieden und glücklich an meinem 40. Geburtstag. Vierzig zu werden war schon etwas Besonderes für mich. Ich schaute viel zurück und versuchte mir vorzustellen, wie wohl die zweite Hälfte meines Lebens verlaufen würde – falls es denn noch eine Hälfte werden würde, das weiß man ja nicht.

Zu diesem Zeitpunkt waren in unserem Umfeld Bücher hoch im Kurs wie „Ordne dein Leben!" von Gorden MacDonalds und Bücher von Paul Donders, die dazu ermutigen, mit Gott zusammen Jahresziele festzulegen und konkrete Fünf-Jahres-Pläne auszuarbeiten, anstatt sich von allen möglichen Umständen wie ein Sanddüne mal hierhin und mal dorthin verwehen zu lassen.

Die Frage „Was soll später mal auf deinem Grabstein stehen?" machte die Runde in christlichen Kreisen, denn so sollte man herausfinden, wofür das eigene Herz wirklich schlägt und was man mit meinem ganzen Sein vor Gott leben will. Auch ich stellte mir diese Frage und so war meine „Wunschliste" an Gott für die zweite Lebenshälfte lang: Ich wünschte mir Gesundheit, dass wir eine glückliche Familie bleiben würden, ein paar schöne Reisen, ein entspanntes Älterwerden und viele Freunde. Vor allem aber wünschte ich mir, Gott noch tiefer kennenzulernen, ihm mit noch mehr Hingabe dienen und ihn noch viel mehr lieben zu können, und ich wollte lernen, vollmächtiger zu beten. Tatsächlich sollte Gott mir diesen Wunsch nach einer noch größeren Nähe zu ihm erfüllen, jedoch musste ich dafür erst einmal einen schmerzhaften „Umweg" gehen.

Nicht lange nach meinem 40. Geburtstag und etwa ein halbes Jahr nach der Geburt unseres Sohnes Johannes tauchte ein zunächst kleines Problem auf: Seitlich über meinem Ohr entdeckte ich eine kleine kreisförmige kahle Stelle, wo eigentlich Haare hätten wachsen sollen. Noch war ich nicht beunruhigt, denn die Stelle ließ sich gut kaschieren, da sie von genug anderen Haaren zugedeckt wurde. Außerdem kannte ich das Problem bereits. Mit vierzehn Jahren, sowie später auch noch einmal nach der Geburt meiner Tochter, hatten sich ähnliche kahle Stellen gezeigt, die nach circa einem halben Jahr jedoch wieder von allein zugewachsen waren. Ich würde also nur ein bisschen Geduld haben müssen.

Vier Monate später entdeckte ich eine weitere kahle Stelle am Hinterkopf. Ich war nicht gerade erfreut darüber, aber auch diese blieb noch unter vielen anderen Haaren versteckt. Ich würde Gott vertrauen und mich weiterhin in Geduld üben.

In den folgenden Wochen konnte ich beinahe dabei zusehen, wie die Stelle sich immer mehr ausbreitete und bald eine halbe Handfläche groß war. Danach bekam ich diffusen Haarausfall. Wenn ich mir die Haare kämmte, waren in der Haarbürste büschelweise Haare. Wenn ich duschte, lag die ganze Dusch-tasse voller Haare, beim anschließenden Kämmen und Föh-nen verlor ich noch einmal so viel. Ich beruhigte mich damit, dass das alles sicherlich einem Hormonumschwung nach dem Abstillen geschuldet war und sich bald wieder geben würde. Mit Entsetzen las ich dann im Internet, dass der sogenannte „kreis-runde Haarausfall" in seltenen Fällen mit totalem Haarverlust enden kann. Es gab einen offiziellen Namen für diese Autoimmunkrankheit: Alopecia universalis. Eine von 20 000 Frauen sei betroffen. Doch ich war mir sicher, dass Gott mir das nicht zumuten würde. Schließlich war Gott ja mein liebender himm-lischer Vater!

Der Mensch hat circa 220 000 Haare. Innerhalb der nächsten sechs Wochen verlor ich jedes einzelne davon und Gott sah ein-fach zu. Er schritt nicht ein. Er ließ mich mit meiner Verzweif-lung allein. Ich versteckte mich im Haus und wollte nirgendwo mehr hingehen. Ich war untröstlich. Hätte unser kleiner Sohn nicht jeden Morgen in seinem Bettchen gestanden und fröhlich „Mama! Mama!" nach mir gerufen, wäre ich vermutlich nicht einmal aufgestanden.

Meiner Familie zuliebe konnte ich mich schließlich dann aber doch dazu aufraffen, mit ihnen in den Sommerurlaub zu fahren. Wenigstens kannte mich dort keiner, und vielleicht hiel-ten die Leute das Kopftuch, das ich nun permanent trug, ja nur für einen Sonnenschutz.

Ich hatte bis zu diesem Zeitpunkt nicht gewusst, dass man in einer einzigen Stunde so viele Stoßgebete sprechen kann. Egal, was ich tat, gebetsmühlenartig flehte ich innerlich jede Sekunde (und ich meine das wörtlich): „Und bitte gib mir meine Haare wieder! *Bitte* gib mir meine Haare wieder! *Bitte* gib mir meine Haare wieder!" Doch es passierte nicht. Ich verlor meine Augen-brauen, dann meine Wimpern. Ohne Kopftuch sah ich nun aus wie ein Zombie. Ich war im Ausnahmezustand, ich war verzweifelt.

Natürlich schrie ich zu Gott: „Warum???"

Ich war völlig geschockt, als Gott mir durch einen seiner „glasklaren" Gedanken zeigte, warum. Ein solcher Gedanke Gottes, der zwischen meinen eigenen Gedanken auftaucht, trifft mich bis ins Mark – und ich *weiß* in diesen Momenten einfach, dass Gott mir seine Antwort gegeben hat.

Obwohl ich wirklich glücklich war in meiner Familie und mit meinem Mann, hatte ein entfernter Bekannter über einige Monate hinweg viel zu viel Raum in meinen Gedanken eingenommen. Ich hatte mich einer heimlichen Schwärmerei hingegeben. Ich hatte mich ihm gegenüber absolut korrekt benommen und es gab aufgrund der großen räumlichen Entfernung ohnehin nur sehr selten Berührungspunkte mit ihm. Und doch hatte ich zugelassen, dass meine Gedanken manchmal Wege gingen, die ich eigentlich gar nicht wollte. Irgendwann stoppte ich sie dann immer und bekannte sie Gott – nur, damit wenig später in Gedanken alles wieder von vorne losging.

Ich wurde mir bewusst, dass Gott fand, dass ich längst nicht entschieden genug gegen diese Gedanken angegangen war, und nun war seine „Kur" dagegen radikal. Als „Zombie" konnten meine Gedanken nicht mehr auf romantische Wanderschaft gehen, denn dazu fühlte ich mich nun zu abgrundtief hässlich.

Einerseits spürte ich ein ehrliches und tiefes Bedauern, Reue und Schmerz über mein gedankliches Verhalten gegenüber Gott und betete immer wieder: „Herr! Ich hatte keine Ahnung, dass du solche Gedankenausflüge so schlimm findest, dass sie für dich Grund genug sind, mich so hart zur Ordnung zu rufen! Sünde jeder Art muss dir wirklich zuwider sein … Ich erkenne, dass du noch viel heiliger und reiner bist, als ich je geahnt habe. Es tut mir leid, dass ich so leichtfertig mit meiner Sünde umgegangen bin!" Und ein Teil von mir war wirklich froh, dass ich aus dem Teufelskreis von unguten Gedanken, Bekennen und Rückfälligwerden endlich heraus war.

Ein anderer Teil von mir begehrte jedoch auf: „Okay, ich weiß, dass das nicht richtig war, und du weißt, dass ich dagegen gekämpft habe und dir meine Schuld immer wieder bekannt habe! Deine Erziehungsmethode ist viel zu hart! Bestimmt passiert das Tausenden anderen auch und sie kommen damit durch – ohne so eine harte Maßnahme! Warum bist du so streng zu mir? Ich habe doch jetzt alles eingesehen, also lass mich nicht weiter die Konsequenzen spüren!" Aber Gott antwortete nicht.

An dieser Stelle ist mir wichtig zu betonen, dass selbstverständlich nicht jedes Leid eine „Erziehungsmaßnahme" ist, mit der Gott uns auf ein Fehlverhalten aufmerksam machen möchte. Und eine „Strafe" für irgendwelche Sünden ist Leid ohnehin nie, denn als Jesus am Kreuz hing und für uns starb, hat er damit bereits alle Strafe auf sich genommen, die wir mit unseren Sünden verdient hätten. Durch Jesus sind wir gerecht, deshalb straft uns Gott nicht. Aber er kann uns dennoch bewusst durch manche schmerzhaften Dinge gehen lassen – zur Korrektur und „Heiligung", wie man in frommen Kreisen sagt, aber eben nicht zur Strafe. Diese Gedanken von einem Zurechtweisen Gottes finden sich übrigens auch im Neuen Testament wieder (vgl. Hebräer 12) und sind deshalb nicht veraltet.

Ich glaube mittlerweile, dass selbst hinter den härtesten „Erziehungsmaßnahmen" Gottes Motivation immer vollkommene Liebe bleibt. Auch dann, wenn sich die Situation nicht irgendwann wieder auflöst. Damals fiel es mir jedoch schwer, das zu glauben. Denn ich blieb kahl.

Natürlich suchte ich Ärzte auf. Der erste Hautarzt sagte nur: „Da kann man gar nichts tun." Ich versuchte es mit teuren und anstrengenden alternativen Heilmethoden – vergeblich. Es hing alles an Gott. Und Gott rührte sich nicht.

Ich begann zu zweifeln an der freichristlichen, evangelikalen Theologie, dass Gott für mein Leben einen Plan hat und dass ihm kein Detail meines Lebens entgleitet. Ich zweifelte an seiner Liebe und seinem Interesse an mir. Ich war immer noch sicher, dass es ihn gab, denn ich war ihm auf unvergessliche Weise und unbezweifelbar begegnet. Aber war er wirklich bereit, jedem seiner Geschöpfe immerzu zu helfen? Ging es nicht doch eher nur um das große Ganze, um einen „universellen Heilsplan", bei dem der einzelne Mensch keine große Rolle spielt?

Ich war mir sicher, Gott könnte mir mit einem Fingerschnips helfen, wenn er nur wollte, mit einem einzigen Wort aus seinem Mund. Aber offensichtlich wollte er nicht. Er ließ mich schmoren. Gott schien unendlich weit weg und er kam mir plötzlich kalt, richtend und extrem streng vor.

Bitter warf ich ihm vor: „Mein irdischer Vater hätte nicht einfach zugesehen, wie mir das alles passiert, und hätte *alles* getan, um mir zu helfen. Aber du, du schaust einfach nur zu …"

Jeden Tag aufs Neue musste ich mir Gottes Liebe „konstruieren". Ich sagte mir dann: „Okay, ich habe Gott erlebt. Es gibt ihn also. Ich bin Jesus begegnet und weiß, dass er wirklich lebendig ist. Jesus ist am Kreuz für mich gestorben. Einen größeren Beweis seiner Liebe zu mir gibt es nicht. Er hat sein Leben für mich gegeben. Also Jesus liebt mich ganz bestimmt. Gott hat seinen Sohn hergegeben, sein Liebstes, Kostbarstes, Reinstes und Heiligstes – für mich, damit meine Schuld bezahlt ist, damit Gemeinschaft mit ihm, dem heiligen, reinen Gott wiederhergestellt ist. Niemals würde ich meinen kleinen Sohn für irgendeinen Verbrecher hergeben, nicht einmal für eine gute Freundin. Wenn Gott also sein Liebstes für mich gegeben hat, dann muss mich der Vater doch sehr lieben."

Nach diesen mühsamen „Rekonstruktionen" kniete ich mich hin und betete Jesus für sein Opfer für mich an und den himmlischen Vater dafür, dass er seinen Sohn für mich und alle Menschen gegeben hat, um uns zu erlösen. Ich betete ihn dafür an, dass deshalb an seiner Liebe kein Zweifel sein konnte, und wies die Lügen Satans, ich sei es Gott nicht wert, sich um mich zu kümmern, entschieden zurück.

Während solchen Anbetungszeiten fand ich für kurze Zeit Frieden, konnte Gott anschauen und diese bohrenden Fragen ruhen lassen. Aber nur zu schnell kamen alle Fragen und Zweifel zurück und die Bitterkeit breitete sich wieder in mir aus. Ich schmollte und ließ meinen ganzen Frust und Trotz bei Gott heraus: „Ich weiß nicht, was ich noch glauben soll. Kann ich dir überhaupt vertrauen? Das alles ist viel zu hart, es ist einfach nur total demütigend für mich und macht keinen Sinn. Ich muss nun eine teure Perücke tragen und ich fühle mich immer noch fremd damit. Warum kannst du mir denn nicht einfach meine Haare zurückschenken? Denk nicht, dass mein Glaube durch diese Katastrophe wächst, im Gegenteil! Mein Glaube wächst nicht, er bröckelt immer mehr. Es fühlt sich an wie ein totaler Vertrauensbruch. Wenn du nicht eingreifst, werde ich immer weiterschmollen und unser Verhältnis bleibt getrübt."

Es war mir egal, was Gott über diese trotzige Rede dachte, denn trotz aller Zweifel wusste ich noch, dass wir ihm gegenüber immer wirklich ehrlich sein und allen Gefühlen freien Lauf lassen dürfen. Gott antwortete mir zunächst auf zwei Punkte. Auf meine Aussage „zu hart" sprach er zu mir durch Nehemia 9,33 (Lutherbibel), wo Nehemia zu Gott sagt: *„Du bist gerecht in allem, was du über uns gebracht hast; denn du hast recht getan, wir aber sind gottlos gewesen."* Das gab mir zu denken. Nehemia war vorbildlich in seinem Glauben und Verhalten, und doch sprach er so ein Gebet und nahm demütig an, dass die Israeliten und er aufgrund ihres gottlosen Verhaltens diese harte Korrektur verdient hatten. Egal, wie hart er die Korrektur auch empfand, er sah Gott als gerecht an.

Ich spürte, dass der Heilige Geist diese Stelle in mein Herz hineinsprach. Da ich Schuld in meinem Leben gefunden hatte, sollte ich mich unter Gottes „Erziehungsmaßnahmen" beugen und endlich aufhören zu behaupten, er sei ungerecht oder zu hart. Und so bat ich Gott aufrichtig um Vergebung dafür, dass ich ihn als ungerecht beschimpft hatte. Es ist schwer zu erklären, aber es war mir plötzlich glasklar, dass Gott selbstverständlich nicht ungerecht ist. Gott antwortete auch auf meine Aussage, dass das Anhalten meiner Krankheit „sinnlos" sei. Er erinnerte mich an einen Gedanken aus einer der Predigten von Helmut Thielicke, der sinngemäß Folgendes aussagte: Christen sind gut darin, auch im Leiden ihrem Gott zu vertrauen, solange sie einen Sinn erkennen. Wenn sie keinen Sinn erkennen, fangen sie an zu zweifeln …

Das konfrontierte mich mit der Frage, ob ich meinem Gott auch nur vertrauen wollte, solange ich mit meinem menschlichen Verstand seine Wege für gut und sinnvoll befand. Ich begriff, dass meine Position ungefähr die einer Ameise war, die sich beim Förster beschweren will, weil ihr Ameisenhaufen an einen sicheren Ort verlegt wird – und obwohl sie über seine Handfläche läuft, wegen ihrer Winzigkeit und Begrenztheit nicht einmal die Hand als Hand wahrnehmen kann, geschweige denn den dazugehörigen Arm, die gewaltige Gestalt des Försters und seine besorgten Augen, die nur nach dem Besten für die kleine Ameise Ausschau halten.

Ich begriff, dass Gott und ich von ganz verschiedener Art sind! Zwei komplett andere Wesen! Eigentlich ist das keine schwierige oder neue Erkenntnis, aber immer wenn etwas unseren kleinen Verstand übersteigt, stellen wir uns *sofort* mit Gott auf eine Stufe und erklären ihm, warum das alles jetzt überhaupt nicht gehe und er das ganz anders zu machen habe! Mit Abstand betrachtet, ist das total irrwitzig. Wir haben nicht mal ansatzweise begriffen, wer Gott ist. Mir wurde klar, dass ich Gott einfach nicht mit meinem irdischen Vater vergleichen kann. Gott ist so viel atemberaubender größer! *Selbstverständlich* geht er besondere Wege mit uns. Wie eine kleine (aber sehr geliebte) Ameise trommelte ich wie verrückt in seine Handfläche: „Was tust du denn da? Das ist total gemein von dir!", ohne zu begreifen, wie liebevoll und beschützend diese große Hand gerade jetzt an mir handelte und genau wusste, was sie tat.

So war ich Gott nach dieser Erkenntnis wieder ein kleines Stück näher, aber mein Schmerz und meine Verzweiflung über mein Aussehen blieben.

Ich zwang mich, in den Gottesdienst zu gehen, aber wollte auf keinen Fall angesprochen werden. Ich kam etwas später und ging etwas eher. In vielen Gottesdiensten weinte ich. Die Lobpreislieder mit Zeilen wie „Du allein bist vollkommen gut zu mir!" oder „Du bist mein wunderbarer Hirt" wollten mir fast im Halse stecken bleiben. Es fühlte sich ganz und gar nicht so an. Aber immer wieder beschloss ich, mit meinem letzten bisschen innerer Kraft daran festzuhalten, dass das die Wahrheit ist und alles andere Lügen Satans. Und so stand ich auf und sang alle diese Loblieder wie Bekenntnisse, ich lobte Gott mit den Wahrheiten, von denen die Lieder erzählten, auch wenn sie sich nicht mit dem, was ich erlebte und empfand, zu decken schienen.

Mein Lieblingslied in dieser Zeit wurde „Blessed be your name", das davon handelt, dass wir Gottes Namen in den guten und überfließenden Zeiten loben, aber auch in den Wüstenzeiten, und dass wir ihm was immer er uns gibt im Lobpreis zurückschenken. Ich ging jedes Mal etwas verändert, gestärkt und mit einem leichteren Herzen aus so einer Lobpreiszeit heraus – auch wenn ich nur wenige Stunden später von Neuem gegen die Verzweiflung ankämpfen musste.

Und dann schickte Gott mir einen Traum. Es war nur ein einziges Bild: Ich saß vor unserem Haus und direkt dahinter war ein sehr hoher Berg. Hinter dem Berg ging die Sonne auf, aber durch den hohen Berg lag unser Haus ganz im Schatten. Ich wachte auf und wusste sofort, dass dies ein Traum von Gott war, durch den er mir etwas sagen wollte. Und fast genauso schnell begann ich, mich wieder bei Gott zu beschweren: „Na toll, das wusste ich schon vorher. Ja, genauso fühle ich mich: Ich sitze auf der Schattenseite des Berges und das ganze schöne Licht ist leider hinter dem Berg." Gott antwortete darauf mit seinen glasklaren Gedanken: „Ele! Schau noch mal genau hin. Ja, du sitzt auf der Schattenseite des Berges und das Licht ist hinter dem Berg. Aber du hast deinen Platz selbst gewählt. Das Licht ist gar nicht weit weg. Du musst nicht den ganzen Berg erklimmen. Geh einfach ein paar Meter zur Seite, tritt aus dem Schatten und wende dich wieder dem Licht zu. *Komm und bete mich an!*"

Ich bekam eine Gänsehaut, weil ich wusste, dass gerade Gott zu mir geredet hatte. Ich flüsterte zaghaft: „Herr, das habe ich versucht!" Und wieder antwortete Gott mir durch einen glasklaren Gedanken: „Ja, aber nur halbherzig. Komm und bete mich an, wie ich es dich gelehrt habe. Preise mich für das, was ich in deinem Leben tue, auch wenn es dir gerade nicht gefällt. Preise mich für das, was ich dir jetzt zumute, auch wenn du es nicht verstehst. Ich liebe dich und du kannst in meinem Licht stehen. Lobe mich und du wirst meine Herrlichkeit sehen!"

Also begann ich, Gott zu loben, wie ich es vor langer Zeit gelernt hatte. Ich lobte ihn entschlossen und ausdrücklich für genau das, was mir solchen Schmerz bereitete, weil ich daran festhalten wollte, dass auch dieser Schmerz nicht seiner souveränen und liebevollen Führung entglitten war. So lobte ich Gott dafür, dass er in seiner vollkommenen Weisheit und Liebe beschlossen hatte, dass ich alle meine Haare verlieren würde. Ich lobte ihn für die Demütigung, ich lobte ihn für die Tränen. Ich lobte ihn dafür, dass ich aussah wie ein hässlicher Zombie, und ich lobte ihn für das, was ich in dieser harten Zeit gelernt und erkannt hatte. Ich lobte ihn für die Schwere seiner Erziehungsmaßnahme, für die teuren und erfolglosen Therapien, für die hohen Kosten meiner Perücke. Ich lobte ihn dafür, dass er entgegen meiner dringlichen Bitten nichts tat, um mir meine Haare zurückzugeben. Ich lobte ihn dafür, dass er als mein himmlischer Vater andere Wege mit mir ging, als mein irdischer Vater sie gegangen wäre. Ich lobte ihn dafür, dass er heilig, vollkommen, liebevoll und barmherzig ist. Schließlich lobte ich ihn dafür, dass das, was in meinen Augen zu hart, zu streng oder einfach nur sinnlos war, bei ihm Sinn machte – und dafür, dass sein Motiv immer Liebe ist und mich nichts aus seiner Hand reißen würde.

Du kannst mir glauben, dieses Gebet hat mich sehr viel Überwindung gekostet. Es war wirklich ein „Lobopfer", und ich muss ehrlich sagen, dass es nicht mal eine durchschlagende, sofortige Wirkung hatte. Ich *fühlte* mich immer noch nicht besser, aber ich *wusste,* dass ich auf dem richtigen Weg war.

Durch den Traum hatte Gott mir deutlich gemacht, dass ich mich nicht länger bemitleiden sollte – und auch, dass *er* mich nicht aus meiner Schmollecke herausholen würde. Er hatte mir nahegelegt, selbst aufzustehen, mich ein kleines Stück zu bewegen und mein Gesicht wieder ins Licht zu wenden.

Und von da an, wann immer ein bitterer Gedanke kam, gab ich Gott ausdrücklich Lobpreis für das, was mich beschwerte.

Die Verzweiflung wich und irgendwann konnte ich mich mit meinem Aussehen arrangieren. Ich ging wieder unbeschwerter unter Leute und begann, wieder mehr zu lachen.

Gott ermutigte mich, weiter ganz auf Lobpreis zu setzen, indem ich auf das inspirierende Buch „Das Gebet, das alles verändert" von Stormie Ormatian stieß. Darin formuliert sie viele wunderschöne Lobpreisgebete, die sich alle auf Gottes biblische Zusagen beziehen.

Einen ganzen Sommer lang lobte ich Gott mit diesen Gebeten. Ich lobte und lobte ihn – für alles, was mir die Bibel über ihn sagt, für alle seine Zusagen und Verheißungen und für alles, was er in seiner Weisheit und Liebe für mein Leben beschlossen hatte. Und nach und nach erfüllte der Heilige Geist von Neuem mein Herz. Mein zaghafter Lobpreis aus Gehorsam und im bedingungslosen Verlassen auf sein Wort (trotz meiner Traurigkeit) bekam neue Kraft. Nach und nach breitete sich in mir eine neue, nicht zu beschreibende und übernatürliche Freude aus.

Der Heilige Geist vertiefte meine Liebe und verwandelte mein zuvor mühsam zusammengeflicktes Vertrauen in Gott in ein erfüllendes inneres Begreifen seiner Güte, Barmherzigkeit und Liebe. Es war wie Fliegen und ein Jubelschrei unter blauem Himmel, ein völliges Freisein von jeder Schwere, ein völliges Aufgehobensein in der Ewigkeit, die schon jetzt angebrochen war. Wie „betrunken" von seiner Liebe konnte ich immer wieder nur stammeln: „Wie konnte ich nur an deiner Liebe zweifeln! Wie konnte ich dich nur mit meinem irdischen Vater vergleichen! *Natürlich* gehst du ganz besondere Wege mit deinen Kindern, denn du bist *Gott* und es geht dir um *ewige Dinge*, es geht dir darum, dass deine Kinder Jesus ähnlicher werden, dass sie deine Heiligkeit und deine Kraft kennenlernen!"

Ich hatte meine Haare nicht zurückbekommen, aber dafür ein neues, tiefes und absolutes Vertrauen in Gottes Liebe, Weisheit und Güte gewonnen. Wenn der Weg dorthin nur über den Verlust meiner Haare und eine solch schmerzliche Krise gehen konnte, dann war es das allemal wert. Ich würde heute nicht zurücktauschen wollen!

Dieses *absolute* Vertrauen in seine Liebe hat Gott mir seitdem zu hundert Prozent erhalten. Die Frage, ob Gott mich liebt und sich wirklich um mein Leben oder das meiner Lieben kümmert, hat sich mir seitdem einfach nicht mehr gestellt. Seine Liebe ist mir eine totale innere Gewissheit geworden.

„Gott sei Dank" kann ich heute sagen, denn schon bald sollte ich erneut vor große, objektiv betrachtet vielleicht noch härtere Herausforderungen gestellt werden. Dennoch empfinde ich rückblickend den „sinnlosen" und demütigenden Verlust meiner Haare als das Schlimmste, was ich je erlebt hatte – nicht nur weil ich so unter meinem Aussehen litt, sondern weil ich mir der Liebe Gottes zu mir nicht mehr sicher war. Wesentlich schlimmer als der eigentliche Haarverlust war meine Verzweiflung darüber, dass Gott mir scheinbar nicht helfen *wollte*. Ich litt am meisten unter dem gefühlten inneren Abstand zu ihm. Dieser große Vertrauensverlust war noch schmerzhafter als mein Haarverlust.

Durch so eine Zeit möchte ich nie wieder gehen, denn wenn du nicht mehr mit Gott rechnest, bist du ganz allein. Aber wenn du dir sicher bist, dass Gott dich liebt und bei dir ist, dann ist es leichter, an seiner Hand auch ein dunkles Tal zu durchqueren. Von nun an gewöhnte ich mir an, egal, womit ich konfrontiert wurde, schnellstmöglich und in der Gewissheit seiner Liebe im Lobpreis in Gottes Arme zu flüchten.

Circa zwei Jahren später las ich in meiner Stillen Zeit die Stelle in Jeremia 31,18 (Lutherbibel): *„Ich habe wohl gehört, wie Efraim klagt: ‚Du hast mich hart erzogen …'"* Und es war mir, als ob Gott diese Worte mit einem tiefen Seufzer und unendlicher Zärtlichkeit in mein Herz hineinsprach: „Ich habe mit dir gelitten, und es hat mich selbst geschmerzt, dich so verzweifelt zu sehen. Aber ich musste es so zulassen. Es musste sein. Nun bist du tiefer bei mir als je zuvor."

Durch diese „harte Schule" durfte ich am Ende begreifen: Wahres Gottvertrauen zeigt sich dann, wenn ich auch in schweren Zeiten an Gottes Hand weitergehe und nichts auf meinen Gott kommen lasse.

Es ist wunderschön und ehrt Gott, wenn wir ihn in guten Zeiten aus ganzem Herzen für all das loben, was er uns geschenkt hat, aber ich kann Gott keine größere Ehre geben und keinen größeren Liebesbeweis machen, als wenn ich ihn auch mitten in der Dunkelheit lobe. Selbst dann, wenn ich absolut keinen Sinn hinter meinem Leiden sehe.

Klagen ist biblisch ...

Das Klagen Hiobs

Gott für meinen Haarausfall zu loben war die bis dato größte Herausforderung für mich. Es hatte eine Weile gedauert, bis ich mich von meinem Bitten, Flehen und Klagen wieder zum Lobpreis hinbewegen konnte. Aber das Schöne ist, all das Klagen hat auch seinen Platz und seine Berechtigung.

Ein Blick in die Bibel zeigt uns, dass sich sogar biblische Helden in großer Anfechtung zum Klagen haben hinreißen lassen – und es war völlig in Ordnung. Ihnen wurde sinnbildlich ein Raum fürs Klagen geschaffen, den sie später mit einem Loblied auf den Lippen wieder verlassen konnten. In der Bibel gibt es einen Mann, dem nicht einfach nur die Haare, sondern tatsächlich alles genommen wurde und der trotzdem nicht aufhörte, Gott zu loben – und der zwischenzeitlich dennoch klagte. Wir kennen ihn alle: den treuen Knecht Hiob. Im gleichnamigen Buch wird beschrieben, wie ihm immenses Leid widerfährt (vgl. Hiob 1).

Am Anfang der Geschichte behauptet Satan Gott gegenüber, dass Hiob nur so vorbildlich glaube und lebe, weil er von Gott Schutz und Reichtum bekomme. Nähme Gott ihm alles, was er gerade an Gutem genieße, würde Hiob ihm ins Angesicht absagen. Daraufhin erlaubt Gott, dass Hiobs Glaube auf die Probe gestellt wird: An einem einzigen Tage verliert Hiob seine Rinder, Kamele, seine Knechte und seine Söhne und Töchter. Seine Antwort darauf ist tiefe Trauer, die er durch das Zerreißen seines Kleides und das Scheren seines Kopfes ausdrückt. Dann neigt er sich tief auf den Boden und spricht: *„Der Herr hat's gegeben, der Herr hat's genommen, der Name des Herrn sei gelobt!"* (Hiob 1,21; Lutherbibel).

Dieses Haltung und sein Gebet werden im darauffolgenden Vers kommentiert: *„In diesem allen sündigte Hiob nicht und tat nichts Törichtes wider Gott"* (Hiob 1,22). Hiob wird uns mit diesem Gebet zum Vorbild.

Doch seine demütige Reaktion erspart ihm nicht eine weitere, noch härtere Glaubensprobe: Diesmal behauptet Satan, dass Hiob Gott ins Angesicht absagen würde, wenn er sein „Gebein und Fleisch" antasten dürfe. Gott lässt zu, dass Hiob mit schmerzenden Geschwüren gepeinigt wird (vgl. Hiob 2). Die Anfechtung wird perfekt, als Hiobs eigene Frau zu ihm sagt: *„Na, immer noch fromm? […] Verfluch doch deinen Gott und stirb!"* (Hiob 2,9). Hiob erwidert: *„Was du sagst, ist gottlos und dumm! Das Gute haben wir von Gott angenommen, sollten wir dann nicht auch das Unheil annehmen?"* (Hiob 2,10) und drückt damit – wiederum vorbildlich – Demut, Glauben und Treue auch unter großen Schmerzen aus.

Dann aber beginnt Hiob zu klagen. Seine Schmerzen sind so schlimm, dass er sich wünscht zu sterben. Er versteht Gottes Handeln nicht, beteuert seine Unschuld und fühlt sich von Gott zu Unrecht misshandelt und verfolgt. Und Gott erlaubt Hiob zu klagen, erlaubt ihm, lange zu klagen. Schließlich antwortet Gott Hiob in seiner Größe und Liebe mit einer der längsten Reden, die ein Mensch je aus Gottes Mund hören durfte (vgl. Hiob, 38-39 sowie Hiob 40,6-41,26).

Er schenkt Hiob eine tiefe Gottesbegegnung, eine Schau seiner Schöpferkraft, die alles erschaffen hat und die allem eine Grenze setzt, die nicht überschritten werden darf. Der gewaltige, allmächtige Gott wendet sich einem kleinen, elenden Menschen zu und lässt ihn seine Weisheit, Kraft, Souveränität und Fürsorge in allen Dingen schauen. Gott zeigt sich Hiob in seiner ganzen Herrschergröße, jedoch nicht, um ihn „kleinzumachen", sondern damit er begreifen kann, dass er selbst unter dieser Herrschaft und Größe geborgen ist.

Und Hiob begreift. Er erkennt, dass Gott nicht mit menschlichen Maßstäben zu messen oder gar in seinem Handeln zu beurteilen ist, und antwortet: *„Du hast gefragt: ‚Wer bist du, dass du meine Weisheit anzweifelst mit Worten ohne Verstand?‘ Ja, es ist wahr: Ich habe von Dingen geredet, die ich nicht begreife, sie sind zu hoch für mich und übersteigen meinen Verstand. […] Herr, ich kannte dich nur vom Hörensagen, jetzt aber habe ich dich mit eigenen Augen gesehen! Darum widerrufe ich meine Worte, ich bereue in Staub und Asche!"* (Hiob 42, 3-6).

Gott lässt Hiob gesund werden und gibt ihm „*doppelt so viel, wie er früher besessen hatte*" (Hiob 42,10). „*Hiob lebte noch 140 Jahre, er sah Kinder und Enkel bis in die vierte Generation. Schließlich starb er in hohem Alter nach einem reichen und erfüllten Leben*" (Hiob 42,16-17).

Das Buch Hiob lehrt uns, dass Gott auch in der größten Anfechtung des Feindes keinesfalls die Kontrolle verloren hat. Es ermutigt uns, zu klagen und zeigt uns, dass Gott sich uns auch in der Klage zuwendet. Es zeigt uns, dass wir mit unseren Klagen und unserem Leid im Schauen der Größe Gottes und in einer echten und tiefen Gottesbegegnung „sprachlos" werden. Und es schenkt uns ein Gebet, das uns eine Vorlage für die eigenen Gebete sein kann: *„Der Herr hat's gegeben, der Herr hat's genommen, der Name des Herrn sei gelobt!"* (Hiob 1,21; Lutherbibel). Die Hiobsgeschichte zeigt uns wunderbar auf, wie Lobpreis und Klagen sich nicht ausschließen. Aber was ist, wenn wir das Gefühl haben, dieses Leid wirklich keinen Tag länger mehr ertragen zu können? Sollen wir Gott auch dann noch loben?

Und ist es ohnehin nicht viel ehrlicher, Gott einfach nur sein Leid zu klagen, statt mitten in der Krise auch noch zu versuchen, ein „geistlicher Überflieger" zu sein?

Die Geschichte von Hiob zeigt uns eindeutig auf: Ja, wir dürfen in solchen Zeiten auch einfach nur klagen. Wir dürfen so, wie wir sind, vor Gott kommen und unser Herz vor ihm ausschütten. Wir dürfen ihn sogar anschreien, wie Hiob es getan hat, der irgendwann voller Fragen und Vorwürfe an Gott war und sogar den Tag verfluchte, an dem er geboren wurde (vgl. Hiob 3,1-19). Wir dürfen genauso ehrlich zu Gott kommen und herausschreien, wie es uns wirklich geht.

Und was dann passieren kann, ist etwas Wundervolles: Gott selbst begegnet uns am tiefsten Punkt unserer Klage. So wie er es bei Hiob getan hat.

Biblische Klagelieder – die Psalmen

Auch in den Psalmen lesen wir, wie radikal ehrlich die Psalmisten in ihrer Not zu Gott schreien, wie sie ihn mit ihren Fragen, ihrer Angst, Trauer, Enttäuschung, Bitterkeit und sogar mit wütenden Vorwürfen überschütten:

„Mein Gott, mein Gott, warum hast du mich verlassen?
Ich schreie verzweifelt, doch du bist so weit weg,
nirgendwo scheint mir Rettung in Sicht zu sein.
Mein Gott, Tag und Nacht rufe ich zu dir um Hilfe,
aber du antwortest nicht und schenkst mir keine Ruhe.
[...]Meine Kraft schwindet wie Wasser, das versickert,
und alle meine Knochen sind wie ausgerenkt.
Mein Herz verkrampft sich vor Angst,
und meine ganze Kraft ist dahin,
verdorrt wie eine staubige Tonscherbe.
Die Zunge klebt mir am Gaumen.
Du lässt mich im Tode versinken."
(Psalm 22,1-3 und 15-16)

„Herr, wie lange wirst du mich noch vergessen,
wie lange hältst du dich vor mir verborgen?
Wie lange noch sollen Sorgen mich quälen,
wie lange soll der Kummer Tag für Tag an mir nagen?
Wie lange noch wird mein Feind über mir stehen?"
(Psalm 13,1-3)

„Wach auf, Herr! Warum schläfst du?
Wach auf und verstoße uns nicht für immer!
Warum verbirgst du dich vor uns?
Hast du unsere Not und unser Elend vergessen?

Die Schande drückt uns zu Boden,
besiegt liegen wir im Staub.
Greif ein und komm uns zu Hilfe!
Erlöse uns, weil du uns doch liebst!"
(Psalm 44,24-27)

Schon diese wenigen Beispiele aus den insgesamt 150 Psalmen machen deutlich, dass auch wir unsere ganze Not einfach herausschreien dürfen – genau wie unsere Fragen und unser Nichtverstehen, warum Gott nicht endlich eingreift und hilft.

Die Psalmen machen Mut, wirklich ehrlich zu sein und kein frommes Gesicht aufzusetzen, Verzweiflung nicht schönzureden, Wut nicht wegzudrücken. Und sie lehren uns, in und trotz unserer Angst und Verzweiflung mit Gott in Verbindung zu bleiben, uns immer wieder an ihn zu wenden, auch wenn er scheinbar nicht hört, gar zu schlafen scheint und endlich „erwachen" soll.

Es ist ein großer Unterschied, ob wir in eigenen negativen Gedankenschleifen hängen bleiben und zulassen, dass wir in Verzweiflung versinken, oder uns mit all unserer Not an Gott wenden. Im ersten Fall beginnt eine schreckliche Abwärtsspirale. Je mehr wir nur um uns selbst und unsere Not kreisen, desto finsterer wird die Nacht. Wenn wir Gott mit unserem Schreien in unsere Nacht einladen, sind wir zumindest nicht allein. Er kann uns wieder die Sterne zeigen oder uns in der Dunkelheit in den Arm nehmen.

Aber manchmal bleibt es trotz unseres Schreiens und aufrichtigen Gebets zu Gott stockdunkel. Gott lässt uns die Sterne *nicht* sehen, wir spüren *nicht*, dass er uns in den Arm nimmt. Unsere Lage ändert sich trotz vieler Gebete nicht und wir können nicht einmal den kleinsten Zuspruch von Gott wahrnehmen. In diesen Momenten stehen wir in Gefahr aufzugeben, weil Gott sich einfach nicht um uns zu kümmern und ihm unser Leid egal zu sein scheint. Manchmal verschlechtert sich unsere Lage sogar noch – obwohl wir doch schon so viel gebetet haben. Wir haben schon lange zu Gott geschrien, aber fühlen uns dennoch verlassen und allein. Auch diese Momente gibt es und das Tröstliche ist, dass die Bibel sie nicht verschweigt.

In Psalm 69 heißt es:

„Rette mich, Gott, das Wasser steht mir bis zum Hals!
Ich versinke im tiefen Schlamm,
meine Füße finden keinen Halt mehr.
Die Strudel ziehen mich nach unten,
und die Fluten schlagen schon über mir zusammen.
Ich habe mich heiser geschrien und bin völlig erschöpft.
Meine Augen sind vom Weinen ganz verquollen,
vergeblich halte ich Ausschau nach meinem Gott.“
(Psalm 69,1-4)

Noch wendet sich David an „seinen" Gott, aber schon viel zu lange muss er auf ihn warten. Was wird ihm helfen durchzuhalten? In verzweifelten Worten schreit David seine hoffnungslose Lage heraus, aber er bleibt nicht dabei stehen. Wie in fast allen Psalmen tritt eine Wende ein: David erinnert sich, wer Gott ist, wie er in der Vergangenheit gehandelt hat und dass seine Zusagen auch in der Gegenwart noch gelten. Zwischen vielen anderen Versen, die seine Verzweiflung und sein Flehen um Gottes Eingreifen ausdrücken, finden wir auch die folgenden:

„Ich aber bete zu dir, Herr, zur Zeit der Gnade; Gott nach deiner großen Güte erhöre mich mit deiner treuen Hilfe" (Psalm 69,14; Lutherbibel).

Und: *„Erhöre mich, Herr, denn deine Güte tröstet mich! Wende dich mir zu in deinem großen Erbarmen. Verbirg dich nicht länger vor mir, ich bin doch dein Diener! Ich weiß keinen Ausweg mehr, darum erhöre mich bald"* (Psalm 69,17-18).

David erinnert sich an Gottes Gnade, Güte und Barmherzigkeit. Sicherlich ist dies erst einmal ein „verstandesmäßiger" Akt, aber es ist eine Wende. Mitten in der Ausweglosigkeit zeigt sich ein Silberstreifen Hoffnung am Horizont. David beschließt, Gott zu vertrauen und sich darauf zu verlassen, dass Gott nach seiner großen Güte Gebet erhört.

Er hat erlebt, dass Gott treu ist, und deshalb hofft er auch jetzt auf Gottes treue Hilfe. Seine Bitte, dass Gott ihn erhören möge, umfasst zugleich die Proklamation von Gottes Eigenschaften, denn vor allem *so* ist Gott: Seine Hilfe ist treu, seine Güte ist tröstlich und seine Barmherzigkeit groß. Und so endet dieser Psalm nicht in Verzweiflung, sondern mit dem Beschluss, Gott zu loben. Er schließt mit der Gewissheit, dass Gott die Armen hört und die Gefangenen nicht verachtet, und mit der großen Vision einer sicheren Zukunft:

„Ich will den Namen Gottes loben mit einem Lied
und will ihn hoch ehren mit Dank.
Das wird dem Herrn besser gefallen als ein Stier,
der Hörner und Klauen hat.
Die Elenden sehen es und freuen sich.
Die ihr Gott sucht, euer Herz lebe auf!
Denn der Herr hört die Armen und verachtet seine Gefangenen nicht.
Es lobe ihn Himmel und Erde,
die Meere und alles, was sich darin regt.
Denn Gott wird Zion helfen und die Städte Judas bauen,
dass man dort wohne und sie besitze.
Und die Kinder seiner Knechte werden sie erben,
und die seinen Namen lieben, werden darin bleiben."
(Psalm 69,31-37)

Welch eine Wende, wenn man das Ende dieses Psalms mit den verzweifelten Anfangsworten vergleicht!

Der Weg, den David hier innerlich geht, besteht aus mehreren Etappen:

- Er wird ehrlich vor Gott.
- Er hält das erfahrene Leid und das Schweigen Gottes aus.
- Er ruft weiter zu Gott.
- Er hält an Gottes Güte, Barmherzigkeit und Treue fest.
- Er beschließt in einem Willensakt, Gott zu loben und zu ehren (vgl. Psalm 69, 31: *„Ich will den Namen Gottes loben mit einem Lied".*)

In anderen Psalmen finden wir noch andere wichtige Schritte, die den Psalmisten halfen, von der Klage zum Lobpreis durchzudringen:

- Sie erinnern sich, was Gott schon getan hat und wie er wirklich ist.
- Sie verlassen sich auf Gottes Verheißungen (*„Herr, gedenke meiner nach der Gnade, die du deinem Volk verheißen hast",* Psalm 106,4; Lutherbibel).
- Sie leben in dem Bewusstsein eines Lebens nach dem Tod bei Gott, das er denen schenkt, die ihn lieben; selbst wenn ihre Not zu Lebzeiten kein Ende nehmen sollte, wissen sie, dass sie eine ewige und herrliche Zukunft bei Gott vor sich haben (vgl. Psalm 73,24 und Psalm 23,6).
- Sie halten im Glauben daran fest, dass Gott real bei ihnen ist (vgl. Psalm 23,4 und Psalm 73,25-26).

Zurück zu David in Psalm 69: Nachdem er in einem Willensakt „beschließt", Gott zu loben, scheinen die letzten Verse geradezu aus seinem Herzen herauszufließen. Es ist, als ob der Heilige Geist ihm eine „Schau" dessen gibt, was Gott David und seinen Nachkommen verheißen hat, und die Gewissheit, dass es so eintreffen wird – auch wenn David das Wasser noch bis zum Hals steht. David kann plötzlich weit über seine persönliche Situation hinausschauen und Gottes Heilsplan für die Zukunft Israels „sehen".

Dieser Psalm lebt von den Erfahrungen Davids, die er in Zeiten von Not, Flucht und Verfolgung mit seinem Gott gemacht hat. Später teilt er diese Erfahrungen und lässt sie in Form von seinen Psalmen vorsingen, damit das Volk Gottes Mut gewinnt, auch in harten Zeiten Gott zu vertrauen und ihn zu preisen. Diesen Wendepunkt von der Verzweiflung hin zu der Proklamation der wunderbaren Eigenschaften Gottes und dem Festhalten an seinen Verheißungen finden wir in nahezu allen sogenannten Klagepsalmen.

Mit den Psalmen hat Gott uns wunderbare „Gebetsvorlagen" gegeben, mit denen wir in harten Zeiten durchhalten können. Wir dürfen in aller Ehrlichkeit klagen und zu Gott schreien. Zugleich zeigen uns die Psalmen auf, wie man trotz großer Not an Gott festhalten kann – auch wenn man lange auf Gottes Eingreifen warten muss.

„Erlöstes Klagen" im Neuen Testament

Auch im Neuen Testament lädt Gott uns ein, ehrlich vor ihm zu sein und unser Herz bei ihm auszuschütten.

Wie wohltuend sind Jesu Worte: *„Kommet her zu mir, alle, die ihr mühselig und beladen seid; ich will euch erquicken"* (Matthäus 11,28; Lutherbibel). Er weiß, wie mühsam unser Leben manchmal ist und wie schwer wir an vielem zu tragen haben. Deshalb lädt er uns ein, alles, was uns belastet, mit ihm zu besprechen. Sein Wunsch dabei ist: Er will uns „erquicken".

Jesus verspricht hier nicht, dass er alles sofort zum Positiven für uns verändern wird, aber er verspricht, uns zu stärken und unseren aufgewühlten Seelen Ruhe zu schenken, wenn wir seine Nähe suchen. Und nicht nur das: Wenn wir uns im Leid bewusst an Jesus wenden, führen wir uns damit gleichzeitig den größten Lobpreisgrund überhaupt vor Augen: ihn selbst. So schließt sich der Kreis zum Anfang des Kapitels. Was Hiob nur prophetisch ausrief, können wir heute bezeugen: „Ich weiß, dass mein Erlöser lebt!" (vgl. Hiob 19,25).

Im Neuen Testament wendet sich Gott nicht nur einem einzelnen Menschen wie Hiob zu, sondern in seinem Sohn Jesus Christus auf überwältigende Art und Weise der gesamten Menschheit – indem er unsere Schuld am Kreuz bezahlt, Satan besiegt und einen neuen Bund mit uns schließt. Wir müssen nicht mehr wie Hiob „beweisen", dass wir gerecht sind, sondern sind es bereits durch Jesu Blut. Das ist ein ewiger Grund zur Freude, an den wir uns immer wieder erinnern dürfen – egal, wie die zeitlichen Umstände gerade aussehen.

Jesus selbst trägt uns deshalb auf, dies immer und immer wieder mit dem Abendmahl zu feiern und so an dieser erlösenden Wahrheit festzuhalten, bis wir in Gottes Herrlichkeit angekommen sind. Die ersten Christen brachen täglich das Brot in ihren Häusern und erinnerten sich auf diese Weise daran, dass der auferstandene Herr mitten unter ihnen war.

Auch wir dürfen auf dieselbe Weise feiern, dass Jesus unsere Schuld bezahlt hat und nun als auferstandener Herr immer an unserer Seite ist – und dass uns nichts mehr von seiner Liebe trennen kann. Eigentlich können wir Gott gar nicht oft genug dafür danken, so fest mit ihm verbunden sein zu dürfen. Und wir können ihm vertrauen, weil er „bis aufs Blut" für uns gekämpft und gesiegt hat. So dürfen wir uns bewusst machen, dass er uns ganz gewiss auch aus der Situation, in der wir gerade stecken, „siegreich" hinausführen wird. Der Sieg muss dabei nicht zwangsläufig bedeuten, dass sich unsere Situation ändert, sondern der Sieg besteht manchmal gerade darin, dass wir unabhängig von unseren äußeren Umständen fest mit Jesus verbunden bleiben und lernen, weit über die sichtbare Welt hinauszusehen.

Wenn wir über Jesu Tod und Auferstehung nachdenken, beginnt Lob in unseren Herzen aufzusteigen. Die Gewissheit, von Jesus gerettet worden zu sein und ewiges Leben geschenkt bekommen zu haben, verändert unsere Perspektive auf unser Leben in dieser Welt. Deshalb haben die Christen über all die Jahrhunderte und unter jeder erdenklichen Herrschaft, Not und Verfolgung daran festgehalten, im Abendmahl Jesu Tod und Auferstehung zu feiern.

Vielleicht kann es auch dir am tiefsten Punkt deiner Klage helfen, bewusst mit anderen Abendmahl zu feiern – vor allem dann, wenn du selbst keine Kraft mehr zum Loben und Beten hast.

Mir hilft es auch sehr, mir bewusst zu machen, dass jedes Leid in dieser Welt endlich ist und dass Gottes ewige Herrlichkeit alles aufwiegen wird.

Zu Lebzeiten hat Gott Hiob bereits alles „zweifach erstattet"; seit Jesus Christus in die Welt kam, dürfen wir wissen, dass Gott seinen Gläubigen „unendlichfach" erstatten wird, denn wir werden für immer in Gottes Herrlichkeit leben.

Ja, diese Gewissheit kann uns immer einen Grund zum Loben geben, und doch lässt Jesus, der im größten Leid selbst ein „Warum?" in den Himmel schrie, Platz für unser Klagen und lädt uns ein, damit zu ihm zu kommen. Also, *muss* ich Gott loben, wenn ich total am Ende bin? Nein, ich muss gar nichts.

Gott ist treu. Gott trägt mich und hilft mir weiter, auch wenn ich gar nicht bete – einfach weil er voller Liebe ist und sich über jedes seiner Kinder erbarmt: *„Ich bleibe derselbe; ich werde euch tragen bis ins hohe Alter, bis ihr grau werdet. Ich, der Herr, habe es bisher getan, und ich werde euch auch in Zukunft tragen und retten"* (Jesaja 46,4).

Und ja, er trägt auch unser Klagen, das uns hilft, unserer Verzweiflung, Bitterkeit und Wut Luft zu machen. Wir müssen diese Dinge nicht in uns hineinfressen und an ihnen ersticken. Klagen als natürlicher, ehrlicher Ausdruck meiner Not ist eine wichtige, manchmal die einzige Form, mich in meiner Not an Gott zu wenden, statt den Kontakt zu ihm ganz abzubrechen. Wenn ich aber neue Hoffnung schöpfen will, ist es gut, nicht nur die Not anzuschauen, sondern vor allem Gott, der immer größer ist als jede Not.

Gott sehr bewusst auch in schweren Situationen zu loben ist deshalb keine Pflicht, aber eine gute *Möglichkeit,* nicht in meinem Leid zu versinken und meinen Blick und mein Herz wieder bewusst auf Gott und seine unbegrenzten Möglichkeiten zu richten. Der Heilige Geist, mein Tröster und Beistand, kommt mir dabei zu Hilfe und erneuert meinen Glauben und mein Vertrauen.

So bleibt abschließend zu sagen: Beides hat seine Zeit – Loben und Klagen –, aber die biblischen Beispiele zeigen uns, dass Gott unsere Klagelieder irgendwann wieder in Loblieder verwandeln möchte – und kann.

Lobpreis – eine Herzens-haltung, die sich bewährt

Lobpreis in der Entmutigung

Nach der Lektion, wie aus meiner Klage wieder Lobpreis werden kann, die ich durch meinen Haarverlust gelernt hatte, hielt
meine Freude über Gott, der mich trotz und in allem unendlich
liebt, an. Ich hatte in meinem eigenen Leben die unglaubliche
Kraft erfahren, die im Lobpreis steckt, und war so begeistert
davon, dass ich meinen Freunden und auch in der Gemeinde
gerne davon erzählte, wie Gott in meinem Leben gehandelt
hatte, wenn ich ihn in kleinen und großen Krisen *für* diese Krisen lobte.

So kam es, dass ich eingeladen wurde, vor einer kleinen Stu-
dentengruppe zu sprechen. Es sollte meine erste öffentliche
Bibelarbeit zu diesem Thema werden, die ich unter die Überschrift „Trust and praise" stellte – drei Worte, die ich inzwischen als eine Art Lebensmotto bezeichnen konnte. Natürlich
wollte ich mich gut vorbereiten und hatte mir schon viel aufgeschrieben. Aber ich wollte noch einmal alles in Ruhe durchgehen, das eine oder andere umstellen, streichen oder ergän-
zen.

Ich fand und finde es nicht leicht, anderen zu erzählen, wie
sehr Lobpreis alles verändern kann, wenn wir Gott für die
Dinge preisen, die uns vielleicht nicht gefallen, aber die er ganz
bewusst zulässt, da ich mir durchaus darüber bewusst bin, wie

absurd das anfangs klingen muss. Ich war außerdem etwas verzagt, denn ich reiße mich nicht gerade darum, vor Erwachsenen zu sprechen.

An dem Nachmittag, den ich mir frei gehalten hatte, um meinen Text noch einmal zu überarbeiten, hatte sich leider die Verabredung unseres Sohnes zerschlagen, was seine Laune nicht gerade hob. Ich beschloss, draußen im Garten meine Bibelarbeit durchzugehen, wo ihm sicherlich eine Idee kommen würde, wie er sich beschäftigen könnte.

Aber seine Langeweile und schlechte Laune hielten an und er begann zu nörgeln. So konnte ich nicht arbeiten! Ich wurde langsam sauer, als mir plötzlich ein Gedanke kam: „Okay. Du wirst morgen über Lobpreis sprechen und darüber, dass es gut ist, Gott für jede Situation zu preisen. Wie wäre es, wenn du Gott *in dieser* Situation vertraust und sie ihm ganz überlässt, wenn du ihn einfach nur dafür preist?"

Einen Versuch war es wert! So fing ich an, Gott dafür zu preisen, dass ich das Seminar am nächsten Tag halten durfte, dafür, dass ich nervös war, dafür, dass er da war, und dafür, dass er wusste, dass ich mich noch besser vorbereiten wollte. Ich pries ihn dafür, dass er zugelassen hatte, dass mein Sohn keine Verabredung hatte und nun so herumnörgelte, dass ich gerade nicht arbeiten konnte. Ich pries Gott dafür, dass er Herr dieser Situation war und entscheiden würde, ob ich jetzt noch arbeiten könnte oder vielleicht erst heute Abend weitermachen müsste – was immer er für gut hielt, ich würde ihm vertrauen. Dann wartete ich gespannt ab.

Fünf Minuten lang ging das Gequengel weiter. Eine hämische Stimme in meinem Kopf schien zu sagen: „Ha, du und dein Lobpreis … Das bringt doch gar nichts." Ich wusste aber, dass man Gott durch Lobpreis ja nicht „manipulieren" will, sondern ihm ehrlich sagt: „Wie immer du entscheidest, wie immer es ausgehen soll, ich beuge mich in Demut unter deinen Willen und preise deinen Namen!"

Danach wiederholte ich mein Lobpreisgebet für diese unerquickliche Situation. Es verging noch eine kleine Weile, in der ich beschloss, es auch zu akzeptieren, wenn sich die Situation nicht ändern würde. Dann sah ich meinen Sohn eine kleine Hacke nehmen (unaufgefordert!). Er begann, das Unkraut und die Grashalme zwischen den Pflastersteinen von unserer Auffahrt herauszukratzen. Ich traute meinen Augen nicht! Er kratzte nicht an der Stelle herum, wo man die kleinen Grashalme leicht beseitigen kann, sondern dort, wo sich ein besonders hartnäckiges Gewächs breitgemacht hatte – eine Stelle, vor der ich mich seit über einem Jahr gedrückt hatte.

Gott machte mir damit ganz deutlich, dass er hier die Regie hatte und dass mein Sohn nicht „zufällig" auf die Idee gekommen war. Mein Sohn war eine Dreiviertelstunde fleißig am Arbeiten und „erledigte" das widerspenstige Gras. Ich konnte in Ruhe mein Skript durchgehen und hatte einen weiteren Beweis, dass es zwar absurd klingen mag, Gott in jeder Situation und für alles zu preisen, aber dass er dann wirklich auf den Plan tritt und handelt – wenn auch nicht immer so offensichtlich wie hier. Es hätte auch gut sein können, dass mein Sohn einfach weitergequengelt hätte.

Ich glaube, dass Gott auch dann handelt, wenn er eine unangenehme Situation nicht ändert. In der beschriebenen Situation hätte ich dann vielleicht Geduld gelernt oder die Gelassenheit, mich nicht verrückt zu machen und Gott im Hinblick auf das Seminar zu vertrauen, anstatt zu sehr auf überarbeitete Formulierungen zu bauen. Durch diesen Beweis seiner Nähe und seines Interesses an mir nahm mir Gott ein ganzes Stück meiner Nervosität und lud mich ein, auch beim Halten der Bibelarbeit auf seine Unterstützung zu vertrauen.

Ich bemerkte, dass ich mir den ganzen inneren Frust, dass ausgerechnet an diesem Tag die Verabredung für Johannes nicht geklappt hatte, hätte sparen können. Stattdessen hätte ich gleich beten können: „Herr, es geschehe, was immer du willst! Ich preise dich dafür, dass du für heute offensichtlich etwas anderes vorgesehen hast, und ich bin gespannt, was es ist!"

Man könnte meinen, nach den bisher durchgestandenen größeren und kleineren Krisen, durch die mich mein bewusster Lobpreis getragen hat, würde mich so schnell nichts mehr umwerfen. Tatsächlich zweifelte ich auch nie wieder an Gottes Liebe zu mir oder daran, dass er es wirklich immer gut mit mir meint und allein deshalb mein Lob verdient. Dennoch sollte ich bald darauf noch einmal durch eine Zeit gehen, in der es mir schwerfiel, Gott zu loben – weil ich einfach nicht mehr konnte.

Lobpreis in der Erschöpfung

Schon nach der Geburt meines Sohnes war ich durch lange Phasen der Erschöpfung gegangen. Mit Erschöpfung meine ich, dass ich mir selbst zu jeder noch so kleinen Tätigkeit gut zureden musste, um sie in Angriff zu nehmen – und wenn es nur darum ging, eine Waschmaschine anzustellen. Nun war ich erneut in einer Phase intensiver Erschöpfung.

Ich erinnere mich an einen Nachmittag, an dem es mir besonders schwergefallen war, mich aufzuraffen und mit meinem Sohn nach draußen zu gehen. Die Stunden schienen nicht vergehen zu wollen. Es war windig, kalt und regnerisch. Ich hatte es mit Johannes bis zum Spielplatz der Bibelschule Wiedenest geschafft. Von anderen Kindern und Müttern war weit und breit nichts zu sehen. Nachdem ich im Zustand völliger Übermüdung unseren Sohn gefühlt tausendmal auf der Schaukel angeschubst hatte, spürte ich furchtbares Selbstmitleid in mir aufsteigen. Ich ahnte, dass mir das nicht gerade weiterhelfen würde, und schließlich beschloss ich, es mit Lobpreis zu probieren. Ich pries Gott dafür, dass ich völlig übermüdet auf diesem kalten Spielplatz ohne andere Mütter und Kinder stand und nicht wusste, wie ich diesen Nachmittag überstehen sollte. Ich pries ihn dafür, dass er da war und nach seinem Willen etwas aus diesem Nachmittag machen konnte.

Nicht lange danach öffnete sich die Tür eines nahe gelegenen Mitarbeiterhauses und ein „Bruder in Christus" brachte mir eine heiße Tasse Cappuccino mit den Worten: „Ich hatte das Gefühl, dass Gott mir sagt, ich soll dir mal eine Tasse Kaffee bringen!" Einmal mehr wurde ich davon überzeugt, dass Lobpreis wirklich in *jeder* Lebenslage hilft. Trotzdem nahm mir Gott meine permanente Erschöpfung nicht. Irgendwann wurde sie so groß, dass mein Mann sehr viele Sonntage allein Familienausflüge mit unseren Kindern unternahm, während ich mich zu Hause ausruhte.

Es war mir wichtig, Gott in diesen Phasen der Erschöpfung zu preisen, auch für die Erschöpfung selbst. Er wusste, was er tat. Das weiß er immer.

Nach einem langen, anstrengenden Winter erkrankte ich Anfang Februar an Grippe. Ich fand es angenehm, einfach nur im Bett zu liegen und sehr viel zu schlafen. Aber als ich wieder aufstehen konnte, ging nichts mehr. Zu duschen fühlte sich an wie ein Marathonlauf, oft saß ich einfach nur kraftlos herum und war zu nichts mehr fähig. Ich war enttäuscht, dass ich erschöpfter denn je und kein Ende dieses Zustands abzusehen war. Eines Abends saß ich auf meiner Bettkante und sagte Gott mehr als resigniert, dass ich mir das alles ganz anders vorgestellt hatte und einfach nicht mehr wusste, wie es weitergehen sollte. Danach beschloss ich, ihn für das, was mir so gar nicht gefiel, sehr bewusst zu preisen – mit einem Gebet, das verrückt klang, aber das ich genau so meinte, weil ich Gottes Plänen weiterhin vertrauen wollte: „Ich preise dich für die vielen Monate der Erschöpfung. Ich preise dich, dass du noch eine Grippe obendrauf zugelassen hast. Ich preise dich dafür, dass nun gar nichts mehr geht. Ich preise dich dafür, dass du genau weißt, was du tust, und dass es mir zum Besten dienen wird. Ich vertraue dir und werde nicht aufhören dich zu loben."

Denn legte ich mich hin und schlief. An diesem Abend passierte postwendend Folgendes: Mein Mann wollte mir gern helfen und hatte den Gedanken, mich eine Woche irgendwohin zur Erholung zu schicken. Gott führte es so, dass er an den Dünenhof dachte, wo ich einfach nur in einem der Gästezimmer ausruhen könnte. Über die entsprechende Internetseite entdeckte mein Mann, dass es dort eine Stille-Freizeit gab, die schon in zwei Wochen stattfinden würde. Er fand heraus, dass es noch genau einen Platz gab!

Am nächsten Morgen verkündetet mir mein Mann seine Idee und ich sagte spontan: „Ja, mach ich!" Das war im Rückblick wirklich bemerkenswert, denn jahrelang hatte ich abgelehnt, allein irgendwohin zu fahren. Viel zu teuer, viel zu aufwendig! Mein Mann sollte nicht noch mehr tragen müssen, ich hatte ja die Vormittage und die Sonntage, um mich zu erholen. Es ging ja irgendwie. Außerdem würden meine Kinder mich zu sehr vermissen.

Eine Mutter-Kind-Kur hatte ich ebenfalls immer abgelehnt, weil mit klar war, dass ich dort nicht zur Ruhe kommen würde. Eine Stille-Freizeit, eine Zeit des Schweigens, hatte mich jedoch schon immer gereizt, aber lief unter „Luxus", der mit Hinblick auf unser Budget und die zusätzliche Belastung für meinen

Mann nicht infrage kam. Aber jetzt, nach der anhaltenden Erschöpfung plus Grippe, war ich bereit. Ich sagte Ja und saß schon bald im Zug Richtung Dünenhof.

Die Woche dort war eine der außergewöhnlichsten Zeiten meines Lebens. Schon im Zug spürte ich mehr Kraft als in den Wochen zuvor, sodass ich mich schon fragte, ob die Auszeit jetzt wirklich noch nötig war.

Gott begann schon am ersten Abend, noch während der einleitenden Worte der Kursleiter, zu mir zu reden, indem er mir zwei Bilder schickte: Das erste war ein Wasserrad, angetrieben von einem kleinen Gebirgsbach. Ich sah die vielen kleinen Schaufeln und die Eisenstange, die das Rad mit der Mühle verband, die ich aber nicht mehr sehen konnte. Ich begriff spontan, dass dies ein Bild für mein Leben war: Für meinen Alltag mit den vielen kleinen „Schäufelchen", die mal dem einen, mal dem anderen etwas „Wasser spendeten" und, angetrieben vom „Strom Gottes", irgendwie Teil eines großen Ganzen waren, auch wenn ich dieses Ganze, wofür die Mühle stand, nicht sehen konnte. Es reichte zu wissen, dass alles gut war, wie es war.

Es war ein beruhigendes Bild und ich sagte innerlich zu Gott: „Danke für die Ermutigung!" In diesem Augenblick wechselte das Bild und ich konnte von einer Düne aus auf ein weites Meer im funkelnden Sonnenlicht sehen. Die Flut rollte herein mit ihren Reihen von gewaltigen Brechern. Wenn eine Reihe brach, erschien am Horizont schon die nächste. Es war ein Bild von unbeschreiblicher Kraft und Schönheit und ich sagte zu Gott: „Wooaah! An diesem schönen Strand möchte ich sein!" Aber dann entdeckte ich am Strand eine rote Flagge, die auf den ersten Blick wie ein Badeverbotshinweis aussah, und ich war enttäuscht. So ein schöner Strand und dann gab es ein Badeverbot? Beim genaueren Betrachten dieses inneren Bildes konnte ich aber erkennen, dass die Flagge mehr einer roten Seeräuber-flagge glich.

Am Abend betete ich über diese beiden Bilder und dachte darüber nach, was Gott mir wohl damit sagen wollte. Schließlich deutete ich sie so: Das erste Bild zeigte mir meinen Alltag, das zweite Bild stand für die gewaltige Kraft und Schönheit Gottes. Aber der Feind hatte dort eine Flagge aufgestellt, um mich daran zu hindern, an diesen Strand zu gehen. Ich sagte zu Gott: „Was soll ich mit der Flagge tun? Einfach mutig herausreißen?" Während ich über diese Frage betete, sah ich noch einmal das Bild, das sich in diesem Moment plötzlich änderte. Der starke Wind, der die ganze Zeit über das Meer zum Strand geblasen hatte, fegte nun die Flagge weg, sodass sie in den Dünen verschwand.

Gott würde sich also selbst darum kümmern, er würde jedes Hindernis ausräumen, das mir den Zugang zu diesem Strand – und damit zu seiner Kraft – verwehrte. Ich sah auf dieses wunderschöne, atemberaubende Meer, während Brecher um Brecher heranrollte, und es war, als wäre ich tatsächlich dort. Noch heute ist es so, als hätte ich wirklich dort gestanden und über dieses Meer geblickt. Und ich begriff, wie Gott leise zu mir sagte: „Ele, meine Kraft ist unermesslich und unerschöpflich, sie hört niemals auf. Und du hast Zugang zu ihr."

Ich war tief berührt und den Tränen nahe: „Herr, verheißt du mir Kraft??"

Am nächsten Tag verbrachte ich draußen einige Stunden in Stille. Die Sonne brachte die Schneereste auf den Salzwiesen zum Glitzern, und ich freute mich, in Gummistiefeln ein paar menschenleere Wiesenpfade entlangmarschieren zu können. Der frische Wind blies kräftig und gab mir ein Gefühl großer Freiheit und Unbeschwertheit, als mir plötzlich ein seltsamer Gedanke durch den Kopf schoss: „Ich werde vor Kraft strotzen bis an mein Lebensende!"

Ich musste laut lachen über diese absurde Idee, denn Kraft und mein Empfinden während der letzten Jahre waren die absoluten Gegensätze! Aber der Gedanke gefiel mir, auch wenn er mehr als seltsam war. „Vor Kraft strotzen" waren keine Worte, die ich so im Alltag benutzte, und so fragte ich mich, ob Gott mir diesen Gedanken geschickt hatte oder ob ich gerade einfach nur etwas zu übermütig wurde.

Mein Übermut ließ sich nicht zügeln, und so beschloss ich, da ja auch weit und breit kein Mensch zu sehen war, den Vers laut und im Takt zu meinem Marschschritt aufzusagen. Das war wirklich sehr komisch, und ich musste schon wieder lachen, während ich zugleich ein bisschen an meinem Verstand zweifelte. Wahrscheinlich machte mich die viele frische Luft hier „high". Andererseits hatte Gott mir schon am Abend zuvor ein Bild voller Kraft gezeigt. Ich betete: „Herr, das wäre zu schön, um wahr zu sein! Ich kann das einfach nicht glauben, aber wenn dieser Gedanke jetzt wirklich von dir ist, musst du das bitte bestätigen!"

In der Mittagsandacht, die liturgisch gestaltet war, lasen wir im Wechsel mit der Seminarleiterin Psalm 92. In Vers 11 heißt es dort: „*Doch mir gibst du Kraft, wie ein wilder Stier sie hat.*" Ich war platt. Ein wilder Stier ist für mich der Inbegriff eines Lebewesens, das vor lauter Kraft nur so strotzt! Ich nahm diesen „Zufall" als Bestätigung meines Eindrucks und war sehr gespannt, was Gott weiter tun würde.

Es folgten sehr intensive Tage. Es war fast ununterbrochen so, dass Gott mir jedes Mal durch einen seiner „glasklaren Gedanken" antwortete, wenn ich ihn etwas fragte. Und diese Antwort fühlte sich so „definitiv" an, dass meine Frage einfach klipp und klar von Gott geklärt war, der mir „unmissverständlich" seine Meinung mitgeteilt hatte.

Obwohl ich nur zum Ausspannen und Kräftesammeln

gekommen war, erneuerte Gott in diesen Tagen außerdem
meine Berufung als Seelsorgerin – und bekräftigte damit einen
Wunsch, den ich seit meinem Studium in mir getragen hatte,
der durch Gabentests bestätigt worden war und schließlich zum
Beginn einer Seelsorgeausbildung geführt hatte, aber den ich
nach der Geburt unserer Kinder nicht mehr weiterverfolgt hatte.
Es war, als ob Gott zu mir sagte: „Jetzt. Jetzt ist die Zeit. Du sollst
dieses Ziel wieder aufnehmen und verfolgen. Ich brauche dich
als Seelsorgerin." Ich fragte ihn, ob ich denn nicht auch wieder
in meinem Beruf als Grundschullehrerin arbeiten solle. Er gab
mir durch einen weiteren „glasklaren Gedanken" zu verstehen,
dass ich meinen Beruf als Grundschullehrerin, der ebenfalls
schon viele Jahre ruhte, nicht wieder aufnehmen sollte.

Am Ende dieser Stille-Tage hatte ich sehr viel Motivation und
Kraft und ein Ziel vor Augen von Gott geschenkt bekommen!

In der letzten Nacht vor meiner Abreise hatte ich einen Traum.
Ich wollte in einen Zug einsteigen, aber der Waggon war völlig
leer. Auf dem Bahnsteig bemerkte ich eine unheimliche dämonische Gestalt, die hinter mir in den Waggon steigen wollte. Ich
bekam Panik und wusste, ich musste den Waggon verlassen,
damit ich auf keinen Fall mit der Gestalt allein war. Ich sprang
zurück auf den Bahnsteig und musste dann dort gegen die übernatürliche Gestalt kämpfen. Dann wachte ich auf.

Ich war gewarnt. Sicher würde es Satan nicht gefallen, dass
ich so viel Kraft gewonnen hatte und die Seelsorgeausbildung
wieder aufnehmen wollte. Ich würde verstärkt um Schutz bitten.
Gott zeigte mir in einem Bild, dass nach überstandenem Kampf
ein zweiter Zug einfahren würde. Er war ganz in Weiß und seine
Waggons waren größer als die des ersten Zuges. Ich stieg ein
und befand mich in einer Atmosphäre vollkommener Sicherheit
und vollkommenen Friedens.

Als mich meine Familie nach meiner Rückkehr am Bahnhof

abholte, war ich wie ausgewechselt. Ich redete ohne Punkt und Komma (ein eher seltenes Phänomen), lachte viel, blieb weiterhin in „übermütiger" Laune. Ich spürte so viel Energie in mir wie kaum zuvor in meinem Leben – und das über viele Monate hinweg, nahezu ohne Unterbrechung. Es war einfach nur wunderbar.

Noch im Sommer besuchte ich die erste Seelsorgefortbildung und beschloss, die Ausbildung zum „Christlichen Lebensberater" zu beginnen. Ich begann, mich verstärkt in verschiedene Gebetskreise und in die Frauenarbeit „Colourbird" und „Dacapo" einzubringen. Und ich war wieder bei unseren Familienausflügen mit dabei. Gott hatte auf sehr eindrucksvolle Weise mein Leben mit neuer Kraft erfüllt.

Ich denke, dass die „Lobopfer" auf meinem Weg durch die Erschöpfung die Tür zu zwei wichtigen Schätzen geöffnet haben: 1) Ich konnte Gott *in* der Erschöpfung begegnen und jeden Tag aufs Neue Kraft empfangen für die kleinen Dinge, die ich noch tun konnte. Meine Verbindung zu ihm war in all diesen Jahren gewachsen. Gebet wurde ein noch festerer Bestandteil meines Lebens, weil an manchen Tagen nicht einmal ein Einkauf ohne Gebet ging. Ich musste durchbuchstabieren, ob ich *wirklich* glaube, dass ich auch ohne jede Leistung total geliebt bin, da ich Gott in dieser Zeit kaum noch etwas bringen konnte. 2) Ich durfte ein persönliches Wunder erleben, so viel Kraft zu empfangen und Gott so deutlich reden zu hören.

Es ist mir an dieser Stelle wichtig zu betonen, dass ich hier bewusst von einem Wunder schreibe. Menschen, die eine Erschöpfungsdepression haben, würde ich deshalb niemals empfehlen: „Preise einfach den Herrn und schon ist alles wieder gut." (Mehr dazu in den Zusatzmaterialien.) Was jedoch in jedem Fall gilt, ist: Wenn wir auch in der Erschöpfung unser letztes bisschen Kraft aufbringen, um Gott zu loben, intensivieren wir dadurch unseren Kontakt zu ihm und schöpfen neues Vertrauen in ihn – und manchmal vielleicht tatsächlich auch neue Kraft.

Lobpreis in eigener Krankheit

Tatsächlich sollte Satan noch einmal kommen und versuchen, mich fertigzumachen, wie ich es in dem Traum in der letzten Nacht im Dünenhof gesehen hatte. Doch gewarnt und jeden Morgen überschwänglich dankbar für die neu geschenkte Kraft, hatte ich kaum einen Tag ohne ein Dankgebet begonnen und auch nicht vergessen, täglich ausdrücklich um Gottes Schutz zu bitten. So verging ein gutes Jahr in nahezu ungebrochener Kraft und Freude und großer Dankbarkeit. In den Osterferien fuhren wir als Familie an die Ostsee, worauf wir uns alle sehr freuten. Doch dort wurde ich dann vor eine neue Herausforderung gestellt, die meine Freude jäh trübte.

Am ersten Abend beim Duschen spürte ich einen harten, winzigen Knubbel etwa eine Handbreit unterm Schlüsselbein am Brustansatz. Er fühlte sich an wie ein winziger, harter Stein und anders als alles andere, was ich je an meinem Körper wahrgenommen hatte. Geschockt betete ich: „Oh nein, Herr, ich hoffe, es ist nichts Anstrengendes!" Den Verdacht, dass ich vielleicht Krebs haben könnte, wollte ich nicht einmal aussprechen. Ich versuchte, mich zu beruhigen, aber schon in der darauffolgenden Nacht schickte Gott mir ein Traumbild. Durch dieses Bild sagte er mir sehr deutlich, dass ich Krebs hatte, und dass ich operiert werden müsste. Doch er sagte mir auch, dass ich noch keine Metastasen hatte. Die rationale Stimme in mir versuchte, mir einzureden, dass sich ja noch alles in Wohlgefallen auflösen könnte. Aber meine Seele, die eng mit Gott in Kontakt war, wusste, dass er gesprochen hatte.

Meiner Familie, selbst meinem Mann, sagte ich jedoch noch nichts von dem Knoten und dem Traum, den Gott mir geschickt hatte. Viel lieber wollte ich uns noch so viele unbeschwerte Tage wie möglich lassen und diese Zeit der Erholung nicht trüben. Und falls ich mich womöglich doch geirrt haben sollte, hätte ich alle unnötig in Angst versetzt. Ich beschloss, zu Hause zunächst einen Arzt aufzusuchen.

Unser Urlaub war schön mit kühlem, sonnigen Aprilwetter und viel Wind. Wir verbrachten die Zeit mit Radfahren, Strandspaziergängen und Bernsteinsuche, gemütlichem gemeinsamen Kochen, mit Spiele- oder Filmabenden. Ich war allerdings gereizter als sonst und viel in meinen eigenen Gedanken. Ich fühlte mich wie hinter einer dicken Wand, was natürlich sehr schade war.

Abends, als meine Familie noch einmal eine Runde mit dem Fahrrad fuhr, ging ich für eine Stunde allein an den Strand. Die untergehende Sonne stand über den Wellen, die ein starker Wind an Land peitschte, und die Gischt leuchtete im goldenen Sonnenlicht. Ich kam beklommen und voller Angst an diesen wunderschönen Ort. Ich war gekommen, um mit Gott über alles zu reden.

Unfassbar, wie sofort bohrende Fragen von mir Besitz ergriffen hatten: Was ist, wenn ich viel schneller sterbe, als ich es mir vorgestellt habe? Was ist, wenn der Krebs zwar jetzt vielleicht noch keine Metastasen gebildet hat, aber wenn er nach ein oder zwei Jahren zurückkommt? Wird mein Mann jemals darüber hinwegkommen? Mein Sohn ist noch so klein und hängt noch sehr an mir, wird er noch an Gott glauben können, wenn er seine Mutter verliert?

Gott sei Dank hatte unsere Tochter Gott schon gut kennengelernt und wusste, wie man Gott auch in schweren Zeiten vertrauen und im Lobpreis bleiben kann. Ich war sicher, dass sie für den Fall der Fälle tapfer durch dieses dunkle Tal hindurchgehen und für meinen Mann und meinen Sohn eine große Stütze sein würde.

Ich beschloss, mit meiner ganzen Angst einmal mehr die „Flucht nach vorne" anzutreten und im Lobpreis direkt in Gottes Arme zu fliehen. Und so fing ich an, während ich den Strand entlangwanderte, Gott meine Angst und Panik zu bringen – jeden Gedanken, der sich vor mir aufbaute und mir die Luft abschnüren wollte. Dann begann ich, Gott für das, was er ist und für das, was immer er tun wollte, zu preisen. Der Heilige Geist erinnerte mich an alle wundervollen Wahrheiten über Gott und die Angst musste weichen.

Während ich Gott weiter anbetete, wurden die Wahrheiten, an denen ich zunächst nur vom Verstand her festhalten konnte, in meinem Herzen zu strahlenden Verheißungen und tiefer Gewissheit.

Ich dankte Gott dafür, dass er mich mit diesem Knoten vor eine neue Herausforderung gestellt hatte. Ich dankte ihm für die Angst, die ich empfand, und pries ihn dafür, dass er größer ist als meine Angst. Ich dankte ihm dafür, dass er mir die Diagnose schon vorher gegeben hatte und dass er so gütig war, dass ich hier im Urlaub Zeit hatte, mich darauf einzustellen. Ich pries ihn dafür, dass er in allem, was er tut und zulässt, barmherzig ist und dass sein Motiv immer Liebe ist.

Ich pries ihn dafür, dass jedes Leid endlich ist, aber seine Herrlichkeit von Ewigkeit zu Ewigkeit währt; dass sie alles aufwiegen und vergessen lassen wird, was uns jemals beschwert hat in diesem Leben. Ich pries ihn dafür, dass das eigentliche Leben erst noch *vor* uns liegt, und spürte dabei ganz deutlich, wie sehr unser Leben im Hier und Jetzt, an dem wir so hängen, nur einem Präludium gleicht – ja, dass seine unendliche Sinfonie voller Schönheit und Kraft erst beginnen wird, wenn wir bei ihm sind. Ich pries ihn dafür, dass er mir mit Jesu Tod am Kreuz ewiges Leben geschenkt hat und ich niemals sterben werde, weil ich mit ihm verbunden bin. Ich pries ihn dafür, dass es bei keiner Diagnose für mich um Leben und Tod gehen würde, sondern immer nur um eine Frage von Leben und LEBEN.

Auch die Sorge um meine Familie, „wenn es zum Schlimmsten käme", brachte ich Gott und pries ihn dafür, dass er in seinem Wort versprochen hat, die Waisen und Witwen (Witwer) zu trösten. Und dafür, dass er seine Versprechen immer hält.

Während ich das alles aussprach, schenkte Gott mir die Gewissheit, dass meine Familie für den Fall der Fälle nicht für immer unglücklich bliebe, sondern dass er sich sehr persönlich um sie kümmern würde.

Als der Heilige Geist mir diese Wahrheiten tief in mein Herz gesprochen hatte, war ich ganz beruhigt. Gott ist wundervoll und ich war bei ihm in Sicherheit – genau wie meine ganze Familie. Und ich konnte in meinem Herzen spüren, dass, was immer Gott in den nächsten Wochen vorhatte, sein Plan *vollkommen gut* war.

Mit Angst und vielen schweren Gedanken war ich gekommen. Entgegen meiner Gefühle hatte ich mit meinem Verstand angefangen, Gott zaghaft und stammelnd zu preisen. Ich wies all die hässlichen Lügen Satans über meine Situation zurück und hielt die Wahrheiten Gottes im Lobpreis fest, bis der Heilige Geist mir zu Hilfe kam und ich mit immer größerer Gewissheit und Freude Gott von ganzem Herzen loben konnte.

Mit vollkommenem Frieden in mir ging ich nach Sonnenuntergang zurück zur Ferienwohnung. Ich war vollkommen geflutet von der Größe und Liebe Gottes und hatte das Gefühl, dass ich am Strand in der Nähe seiner Herrlichkeit gewesen war, als wäre ich am Strand in einer Dimension jenseits von Raum und Zeit gewesen.

Ich schlief wunderbar, aber am nächsten Morgen waren die sorgenvollen Gedanken und die Angst wieder da. Also ging ich am Abend wieder mit Gott am Strand spazieren, betete ihn an und pries ihn wie zuvor. Und wieder ging ich ganz erfüllt und in tiefem Frieden vom Strand weg.

Auch am nächsten und übernächsten Tag wanderte ich abends den Strand entlang und pries Gott *für* den Knoten, für die Angst, seine Wahrheiten, seine Liebe und seine Herrlichkeit. Jeden Tag wurde es leichter, die Angst und alle Sorgen in seiner Nähe loszuwerden, immer ging ich in tiefem Frieden und mit großer Freude vom Strand weg.

Als unser Urlaub zu Ende war, fühlte ich mich gut vorbereitet, allem entgegenzusehen. Und das war ich auch. Besuch bei der Frauenärztin, Überweisung ins Krankenhaus, Gewebeprobennahme – bei all dem blieb mein Herz in Gott, blieb im Frieden. Das Warten auf den Befund ließ mich aber doch noch einmal unruhig werden. Zu allem Überfluss kam der Befund auch nicht, wie versprochen, vor dem Wochenende, sondern wir wurden auf Montag vertröstet. Ich beschloss, Gott auch für die Geduldsprobe des Wartens zu preisen und dafür, dass er sich sicherlich etwas dabei gedacht hatte.

Gott reagierte auf meinen Lobpreis, indem er mir spontan eine Freundin vorbeischickte. Sie hatte mir eigentlich nur ein Buch über Prophetie vorbeibringen wollen, da sie wusste, dass Gott öfter in Bildern zu mir redete. Als sie mich nichts ahnend fragte, wie es mir ginge, sagte ich, dass ich auf einen Befund wartete. Sie betete mit mir und stärkte mich so sehr! Zugleich ermutigte sie mich, an einem Seminar über übernatürliche

Geistesgaben teilzunehmen, das genau an diesem Wochenende stattfinden sollte.

Ich hätte die Zeit des Wartens nicht besser verbringen können! Ich durfte im Seminar viele Erkenntnisse über das Reden des Heiligen Geistes mitnehmen, wurde durch den gemeinsamen Lobpreis gestärkt und bekam wertvolle Momente der Inspiration und Freude geschenkt, anstatt einfach nur zu warten.

Am Montag fuhren mein Mann und ich dann gemeinsam zum Arzt. Er teilte uns mit, dass es sich bei meinem Knoten um Krebs handelte. Ich war ganz ruhig und dachte nur: „Das wusste ich schon." Was immer er sagte und erklärte, ich blieb innerlich im Lobpreis, so, wie ich mich schon am Morgen im Lobpreis „gewappnet" und Gottes Nähe gesucht hatte. Auf dem Schreibtisch des Arztes stand ein kleiner Kalender mit dem Vers: „Wer den Blick hebt, sieht keine Grenzen." Genauso ist es, wenn wir Gott loben für das, was er gerade tut. Ich hob meinen Blick und erlebte grenzenloses Vertrauen, über dieses Leben hinaus.

Mein Mann war sehr traurig, und es tat mir leid, seinen Schmerz zu sehen. Alle meine Ängste um ihn begannen wieder aufzutauchen, aber ich wies sie im Lobpreis zurück. Gott wusste, was er tat – auch mit den Gefühlen, durch die mein Mann gehen musste. Ich teilte meinen Kindern mit, dass ich Krebs hatte, aber dass meine Krebsart gut zu behandeln sei. Ich sagte, dass wir uns einfach nur an die Fakten halten würden und bis die Ärzte etwas anderes sagten, davon ausgehen könnten, dass ich wieder gesund werden würde.

Ich ließ in unserer Gemeinde im Gebetskreis für Kranke und auch die Ältesten für mich beten. Auch in den folgenden Monaten schenkte Gott mir viele, viele liebevolle Beter aus meiner Familie, meiner Gemeinde, meiner ehemaligen Gemeinde, den Gebetskreisen, an denen ich normalerweise teilgenommen hatte, dem Hauskreis und dem Freundeskreis. Sie alle haben mich im Gebet spürbar vor Gott gebracht, denn die kommende Zeit war entgegen aller Befürchtungen *leicht*. Es war *leicht*, Gott viel zu loben und ihm ganz bewusst dafür zu danken, dass er diese Krankheit zugelassen hatte. Gott redete auch weiterhin viel zu mir durch Bibelstellen, Traumbilder, Karten von Freunden oder glasklaren Gedanken, die er mir zur Ermutigung schickte.

Die OP verlief ohne Komplikationen, ich hatte hinterher kaum Schmerzen. Als ich aufwachte, hörte ich in meinem Kopf ein Lied, das ich vor dreißig Jahren in meiner Jugendgruppe zuletzt gesungen hatte: „Kommt, atmet auf, ihr sollt leben! Ihr müsst nicht länger weinen, nicht länger traurig sein! Gott hat uns seinen Sohn gegeben, er lässt uns nicht allein!" Abends hatte ich das Gefühl, dass Engel um mein Bett herumstanden und ihre Flügel wie ein Dach darüber ausbreiten würden. Darunter lag ich in völligem Frieden.

Am dritten Tag stürzte ich innerlich jedoch noch einmal ab und Furcht breitete sich aus. Beklommen fragte ich mich, ob nun für immer ein Schatten über unserer Familie liegen würde und die Angst immer bleiben würde, ob der Krebs zurückkommt. Gott schickte mir an diesem Tag eine liebe Freundin vorbei, und wir priesen Gott zusammen, was mich sehr aufbaute. Kurz danach sandte er mir erneut einen seiner glasklaren Gedanken: „Ele, in meinem Auferstehungslicht gibt es keine Schatten. Es ist überall, in der unsichtbaren Welt, in der sichtbaren Welt und in dir." Auf wundersame Weise war das Thema damit komplett erledigt! Die Angst, dass der Krebs zurückkommen und mich meinen Lieben nehmen würde, wich und kam nicht zurück.

Nach der OP stellte sich heraus, dass ich noch eine Chemotherapie brauchen würde. Ich bekam direkt weiche Knie. Nur zu gut konnte ich mich an die Qualen erinnern, durch die meine Tante und auch mein Vater vor zwanzig Jahren gegangen waren. Doch ich beschloss, Gott auch jetzt zu vertrauen und ihn dafür zu loben, dass er diesen Weg nun offensichtlich für mich vorgesehen hatte. In der darauffolgenden Nacht hatte ich einen Traum, in dem Gott mir durch ein Bild von einer in Geschenkpapier gewickelten Infusionsflasche deutlich machte, dass ich die Chemo nicht als etwas Bedrohliches, sondern als ein Geschenk betrachten sollte, das mir Heilung bringen würde.

Als der Termin für die erste Chemo näher rückte, bekam ich trotzdem noch einmal große Angst – vor allem vor den möglichen Nebenwirkungen und Folgeschäden, über die ich aufgeklärt worden war. Ich setzte mich auf die Stufen vor unserem Haus in die Sonne, um meine Angst erneut an Gott abzugeben. Ich pries ihn noch einmal ganz bewusst dafür, dass er immer, *immer* an meiner Seite sein wird und dass es keinen „worst case" geben wird, weil bei ihm der „worst case" ewiges Leben bedeutet! Und ich pries ihn dafür, dass ich diese Zeit nicht nur überstehen, sondern *gesegnet* überstehen werde, weil er versprochen hatte, mich durchzutragen.

Ich beendete mein Gebet, doch dieses Mal war die Beklommenheit nicht gewichen. Ich war enttäuscht, dass Gott mir nicht „postwendend" geantwortet hatte, wusste aber dennoch ganz genau, dass er mir zu seiner Zeit helfen würde. Während ich aufstand, dankte ich ihm dafür, dass er mir die Beklommenheit zu seiner Zeit abnehmen würde, und bat ihn darum, dass ich geduldig und vertrauensvoll darauf warten könne.

Dann beschloss ich, den Einkauf zu erledigen, schnappte mir den Autoschlüssel und ging die Auffahrt hinunter zum Auto. In diesem Moment wehte durch die geöffneten Fenster der Bibelschule ein altes Lied: „Kommt, atmet auf, ihr sollt leben! Ihr müsst nicht länger weinen, nicht länger traurig sein. Gott hat uns seinen Sohn gegeben, er lässt uns nicht allein." Ich war zutiefst berührt, dass innerhalb weniger Tage Gott ein zweites Mal zu mir durch dieses alte Lied sprach, das sonst nirgendwo mehr gesungen wurde. Ich war fasziniert, wie genau er es „getimed" hatte, dass ich in derselben Minute zum Auto ging, als ein Kurs in der Bibelschule beschloss, dieses Lied zu singen. Es zeigte mir einmal mehr, dass Gott mir sehr genau zuhörte, dass er um mich besorgt war und ihm nichts entglitt.

Durch Lobpreis war ich so viel tiefer mit Gott verbunden. Lobpreis konnte die Abwärtsspirale der Furcht einflößenden Gedanken immer wieder unterbrechen und mir helfen, mich ganz auf Gottes Wahrheiten auszurichten und alle Lügen zurückzuweisen. Der Heilige Geist kam mir dabei zu Hilfe, denn er liebt es, wenn wir Gott preisen. Es war oft so, als hätte meine Seele inmitten eines Gefängnisses aus Angst Flügel bekommen, um wieder frei und unbeschwert unter Gottes Himmel zu fliegen.

Die Chemo war dann längst nicht so schlimm wie befürchtet, und ich begriff, dass die Medizin hier enorme Fortschritte in den letzten zwanzig Jahren gemacht hatte. Das erste Medikament verursachte überhaupt keine Übelkeit, vor der ich mich so gefürchtet hatte. Die Blutwerte verschlechterten sich dennoch und ich wurde immer müder und ich konnte mich nur langsam bewegen. Aber da ich mit großer Erschöpfung bereits vertraut war, konnte ich damit umgehen. Ich konnte jeden Morgen aufstehen, Frühstück machen und an den besseren Tagen sogar waschen und bügeln. An den anderen Tagen saß ich viel im Garten, habe viel geschlafen oder gelesen. Ich war unglaublich dankbar, dass alles so gut lief und dass meine Familie so gut mit der Situation klarkam. Ich weiß, dass ich das auch vielen lieben und treuen Fürbittern zu verdanken habe.

Ich hatte viel Zeit, Gott zu preisen, und an vielen Morgen war es so, als könnte ich die Ewigkeit als lichtdurchflutetes Land sehen. Es war, als ob die Grenze zwischen Leben und Tod nicht mehr existierte und Leben in unzerstörbares ewiges Leben und eine unaussprechliche Freude überging. Ich erlebte eine Art Perspektivenübernahme und erahnte, wie Gott Zeit und Ewigkeit sehen musste. Es waren glückliche Wochen!

Nach acht Wochen wurde das Medikament gewechselt. Das neue Medikament setzte die Blutwerte noch weiter herab und verursachte Übelkeit. An den Tagen, an denen mir besonders übel war, fand ich es schwer zu beten.

Ich sagte zu Gott: „Herr, du weißt, ich will dich preisen, aber die Übelkeit lässt das kaum zu. Wie soll das werden, wenn ich dich vielleicht überhaupt nicht mehr preisen kann?" Ich dachte an all die Menschen, die starke Schmerzen haben und deshalb kaum oder gar nicht beten können. Es ist eine Sache, etwas erschöpft, aber gemütlich im Garten zu sitzen und Gott zu loben; aber es ist eine andere, wenn man sich unter Schmerzen windet oder unter Übelkeit leidet.

Ich war in schlechter Verfassung und dachte besorgt darüber nach, was wohl wäre, wenn einmal eine schwere Depression über mich käme, die mir die Kraft zum Gebet und zum Lobpreis vollends rauben würde. Ich machte mir Gedanken, wie wohl mein Alter einmal aussehen würde – was, wenn ich einsam und allein wäre, ohne meine Familie, Freunde und treuen Fürbitter? Und was, wenn ich dement werden würde und irgendwann nicht mehr wüsste, wer ich bin und wer Gott ist?

Ich war froh, dass Jesus auch diesen Sorgen durch einen glasklaren Gedanken seinen Trost entgegensetzte: „Wenn du nicht mehr beten kannst, trage ich dich im Bausch meines Gewandes. Ich werde dich persönlich nach Hause tragen. Und *ich selbst* trete am Gnadenthron Gottes ohne Unterlass für dich ein." Und so kam es, dass Gott mir in diesen schwereren Wochen tief ins Herz schrieb: „Du brauchst dich vor *gar nichts* zu fürchten."

Warum hatte Gott zugelassen, dass ich an Krebs erkrankte, wo ich doch so gebetet hatte, dass mir Satan die Energie, die Gott mir nach der Stille-Woche auf dem Dünenhof geschenkt hatte, nicht mehr stehlen sollte?

Wie schon nach dem Verlust meiner Haare spürte ich ganz deutlich, dass Gott mich durch diese Krankheit noch näher an sein Herz gezogen hatte. Ich freute mich darüber, dass es diesmal zu keinem Zeitpunkt eine Frage war, ob Gott mich liebte. Ich spürte, wie es Gott vielmehr darum gegangen war, mir seine Sicht der Dinge über Leben und Tod oder besser gesagt über Leben und ewiges Leben zu schenken.

Im Laufe dieser Wochen verlor ich jede Angst vor dem Tod und jede Angst vor dem Weg dorthin. Ich war unbeschreiblich frei von jeder Angst. Ich weiß noch, wie ich zu Gott sagte: „Wenn ich mich nicht einmal mehr vor dem Tod fürchte, will ich in Zukunft auch ohne Angst ein Seminar oder eine Andacht halten. Was immer du willst. *Ich will mich vor überhaupt nichts mehr fürchten.*"

Und genau das geschah dann auch so. Nach Abschluss der Chemo gewann ich sehr schnell wieder viel Energie zurück, die auch lange anhalten sollte. Ich engagierte mich in verschiedenen Bereichen, und ich tat es ohne die Angst, die mich eigentlich immer bei Aufgaben im öffentlichen Rahmen begleitet hatte.

Es war eine überwältigende Erfahrung für mich, plötzlich angstfrei reden zu können! Vermutlich wird es nicht immer so bleiben, dass ich hundert Prozent angstfrei bin, aber falls die Angst vor Alter, Krankheit und Tod noch einmal zurückkommen sollte, werde ich wieder in den Lobpreis gehen oder mich auch einfach nur tragen lassen, wie Jesus es mir damals versprochen hat.

Das andere große Thema in diesen Wochen der Krankheit war Stolz. Ich begriff mehr als je zuvor, wie sehr alles Gnade ist, wie sehr alles Geschenk ist – angefangen bei unserer Gesundheit, bei unseren Fähigkeiten und Gaben, unserem Vermögen zu glauben oder zu beten, unsere Möglichkeiten, uns einzubringen, bis hin zu den Erkenntnissen, die Gott uns schenkt. Gnade ist es, die an uns handelt, und Gnade ist es, die uns bis ins ewige Leben trägt.

Gott geht mit jedem Menschen seinen Weg. Vielleicht lernt mein Bruder oder meine Schwester im Geist gerade etwas ganz anderes als ich. Vielleicht ist er oder sie schon mit einer Lektion weiter als ich. Wir brauchen uns weder zu vergleichen, noch sollten wir das Herz eines anderen beurteilen. Alles ist Gnade, alles ist Geschenk. Sogar eine Zeit der Krankheit, wenn wir sie bewusst aus Gottes Hand empfangen. Immer geht es darum, Gott ganz zu vertrauen auf den Wegen, die er für mich aussucht oder zulässt, um sie mir zum Besten mitwirken zu lassen.

Lobpreis in der Nähe seiner Herrlichkeit

Lobpreis, der befreit

Durch den Verlust geliebter Menschen, die Krebserkrankung und der damit einhergehenden Konfrontation mit dem eigenen Tod habe ich einiges an persönlichen Leiden erlebt, durch die ein Mensch gehen kann. In all diesen schweren Zeiten hat es sich für mich bewährt, Gott zu vertrauen und ihn zu preisen.

Eine große Not musste ich jedoch noch nicht erleiden: Gefangenschaft und Verfolgung um Jesu willen. Wenn es nun der Vollständigkeit halber auch noch um die buchstäblich befreiende Macht von Lobpreis gehen soll, möchte ich deshalb noch einmal auf einen biblischen Helden zurückkommen, mit dessen Worten ich dieses Buch begonnen habe: Paulus, ein Mann, der genug Grund gehabt hätte, nicht dankbar zu sein – und es dennoch war.

Er und sein Begleiter Silas wurden in Philippi von geldgierigen Menschen vor die Stadtrichter geschleift und verleumdet. Man bezichtigte sie des Aufruhrs, die Stimmung im Volk wandte sich gegen sie und sie wurden von den Richtern zu Stockhieben und einer Freiheitsstrafe verurteilt. Schließlich wurden sie ins tiefste Gefängnis geworfen und der Aufseher legte ihre Füße in einen Block – und das alles passierte, obwohl sie für ihren Herrn unterwegs waren; obwohl sie seine Allmacht und Liebe verkündeten, hatte Gott seine Diener nicht bewahrt.

Was taten Paulus und Silas in dieser schrecklichen Situation? Wenngleich sie sicherlich noch Schmerzen von den Stockhieben hatten, beschlossen die beiden um Mitternacht, Gott laut zu loben – so laut, dass alle Gefangenen es hören konnten! Es fasziniert mich, dass sie selbst unter diesen Umständen daran festhielten, dass Gott absolut lobenswert ist. Weil sie ihren Blick fest auf Gott richteten, hing ihr Lobpreis nicht von ihren äußeren Umständen und ihrem persönlichen Befinden ab.

Wir hätten an ihrer Stelle vielleicht gesagt: „Heute nicht, Gott. Das war ein bisschen viel, was du uns da zugemutet hast. Mir ist so überhaupt nicht danach, dich jetzt auch noch zu loben ..." Paulus und Silas hingegen stellten Gott in den Mittelpunkt, und sie lobten ihn nicht nur ein bisschen, sondern sie lobten ihn so laut, dass die anderen Gefangenen es hören konnten. Sie hielten daran fest, dass ihr Gott lebendig und herrlich ist. Was für ein Zeugnis: Der Gott, um dessentwillen diese beiden im Gefängnis gelandet waren, wird von ihnen trotz allem gelobt! Das muss die anderen Gefangenen in großes Erstaunen versetzt haben. Und dann heißt es: *„Plötzlich bebte die Erde so heftig, dass das ganze Gefängnis bis in die Grundmauern erschüttert wurde; alle Türen sprangen auf, und die Ketten der Gefangenen fielen ab"* (Apostelgeschichte 16,26). Der Aufseher fällt Paulus und Silas zitternd zu Füßen und will wissen, was er tun muss, um gerettet zu werden. Er lässt sich und sein ganzes Haus noch in dieser Nacht taufen.

Ich bin sicher, die Ereignisse dieser Nacht machten die Runde in Philippi. Vielleicht hätte man Paulus' und Silas' Predigt bald vergessen. Aber ihre Verhaftung, ihr Lobpreis, das plötzliche Erdbeben, das Abfallen ihrer Fesseln und die spontane Taufe des Aufsehers und seines Hauses – das alles blieb sicher noch lange Gesprächsthema in Philippi und musste die Leute zum Staunen und Nachdenken gebracht haben. Und jeder Gefangene, der seine Strafe abgesessen hatte und das Gefängnis wieder verließ, würde erzählen, dass er dabei gewesen war in jener außergewöhnlichen Nacht. Ja, wir können davon ausgehen, dass diese Ereignisse allen nachhaltig in Erinnerung geblieben sein mussten.

Gott hatte Paulus und Silas zugemutet, im Gefängnis zu landen. Er wusste, dass ihre Predigt allein die Herzen der Menschen in Philippi nicht erreichen konnte. Außerdem wollte er, dass auch die elendsten und verurteilten Menschen im Gefängnis die frohe Botschaft hörten, dass Gott lebendig ist und vergibt. Und er wollte den Aufseher und sein ganzes Haus retten.

Paulus' und Silas' Lobpreis um Mitternacht, ihr Festhalten daran, dass Gott lebt, vollkommen gut ist und ihm nichts entgleitet, selbst wenn seine Diener dieser Welt verfolgt und geschlagen werden, scheint in diesem Fall geradezu den Weg für ein großes Wunder geebnet zu haben.

Zu anderen Zeiten tat Gott kein Wunder und Paulus musste in Gefangenschaft bleiben. Trotzdem blieb er im Lobpreis mit seinem Gott verbunden. Gott begann, in diesen Zeiten der Gefangenschaft ein Wunder ganz anderer Dimension vorzubereiten: Paulus, der nicht mehr zu seinen Gemeinden reisen konnte, begann, Briefe an sie zu schreiben (zum Beispiel den Römerbrief, Epheserbrief, Kolosserbrief, Philemonbrief und den Philipperbrief).

In diesen Briefen schrieb er über Jesus Christus als den Retter und Erlöser der Juden und der Heiden, über die Verheißungen, die wir in Christus haben, die Qualität des neuen Lebens, über die Gaben des Geistes und das Leben im Geist, über das Gemeindeleben, Versöhnung, unseren Auftrag als Christen, Zeiten der Verfolgung, über den Sieg über alle Mächte und Gewalten in Christus – und er schrieb seine bekanntesten Lobpreisgebete auf.

Die ganze paulinische Theologie ist festgehalten in seinen

Briefen. Hätte er unbeschwert reisen können, hätte er sich vielleicht nie die Zeit genommen, diese Briefe zu schreiben. Seine Worte hätten nur wenige Gläubige in einigen ausgesuchten Gemeinden erreicht. Was für ein Wunder: Gott spricht *noch heute* durch die Worte, die Paulus unter der Leitung des Heiligen Geistes im Gefängnis aufgeschrieben hat; sie haben Millionen Menschen erreicht und in ihrem Glauben gestärkt. Diese Reichweite hätte sich Paulus in seinen kühnsten Träumen nicht vorstellen können!

Während er daran festhielt, Gott zu loben, erhörte Gott sein Bitten und Flehen, obwohl die sichtbaren Umstände sich erst einmal nicht änderten und eine Gebetserhörung auszubleiben schien.

Im westlichen Europa sitzen wir selten hinter dicken Gefängnismauern – schon gar nicht aufgrund unseres christlichen Glaubens. Wir sind frei, doch sitzen wir oft genug fest in unseren inneren Gefängnissen mit scheinbar unüberwindbaren Mauern aus negativen Gedankenmustern, Abhängigkeiten und Schuld. Frage dich selbst einmal: Was ist dein innerstes Gefängnis? In welchem Block liegen deine Füße?

Ganz gewiss will und wird Gott die Mauern dieses Gefängnisses sprengen. Wenn wir uns die eigene Schuld vom Heiligen Geist zeigen lassen und sie bekennen, Gott um Vergebung bitten oder auch selbst vergeben, wo andere schuldig an uns geworden sind; wenn wir Gott und seine Wahrheiten im Lobpreis in den Mittelpunkt unserer Gedanken stellen, dann werden die Grundmauern unseres inneren Gefängnisses wanken. Unsere Ketten fallen ab und Türen öffnen sich. Wir können Schmerz, Schuld und Verletzungen hinter uns lassen und Freiheit gewinnen. Wahrscheinlich wird dies in den meisten Fällen jedoch ein Prozess bleiben, für den es Geduld braucht. Auch seelsorgerliche Begleitung oder eine Therapie sind großartige Möglichkeiten, den Schmerz, der uns gefangen nimmt, zu überwinden und nach vorne zu gehen. Aber Wunder sind dabei bestimmt nicht ausgeschlossen.

Und wie schön ist es, wenn mir jemand in diesem Prozess beisteht, bis ich meine Ketten endgültig los bin, wenn ich jemanden habe, mit dem ich zusammen Gott laut loben kann. Denn auch ohne ein explizites Wunder öffnet sich durch Lobpreis eine innere Tür, durch die ich Gottes Herrlichkeit mitten in meinem persönlichen „Gefängnis" schauen kann und frei werde – frei zu loben.

Lobpreis, der alles überwindet

Wie schaffte es Paulus, Gott auch noch in widrigsten Umständen zu loben? Paulus hatte wirklich alles erlitten, was man in der damaligen Zeit erleiden konnte. Im 2. Brief an die Korinther können wir eine Aufzählung davon lesen. Und was wir in wenigen Minuten „herunterlesen", hat Paulus stunden- und tagelang qualvoll durchlitten. Lesen wir diese „Liste" und versuchen wir, uns wenigstens einmal ansatzweise vorzustellen, wie es uns wohl ginge, wären wir immer und immer wieder diesen Qualen ausgesetzt worden:

„Ich habe Christus weit mehr gedient und viel mehr auf mich genommen als sie.
Ich bin öfter im Gefängnis gewesen und häufiger ausgepeitscht worden.
Viele Male hatte ich den Tod vor Augen.

Fünfmal habe ich von den Juden die neununddreißig Schläge erhalten.
Dreimal wurde ich von den Römern mit Stöcken geschlagen,
und einmal hat man mich gesteinigt.
Dreimal habe ich Schiffbruch erlitten;
einmal trieb ich sogar einen Tag und eine ganze Nacht hilflos auf dem Meer.
Auf meinen vielen Reisen bin ich immer wieder in Gefahr geraten
durch reißende Flüsse und durch Räuber.
Ich wurde von meinem eigenen Volk bedroht ebenso wie von den Nichtjuden.
In den Städten wurde ich verfolgt,
in der Wüste und auf dem Meer bangte ich um mein Leben.
Und wie oft wollten mich Leute verraten, die sich als Christen ausgaben!
Mein Leben war voller Mühe und Plage,
oftmals habe ich Nächte durchwacht.
Ich kenne Hunger und Durst.
Ich musste häufig ohne Essen auskommen und war schutzlos der Kälte ausgesetzt.“
(2. Korintherbrief 11,23-27)

Und gerade dieser gefolterte und geschundene, hungernde und dürstende Paulus schreibt im selben Atemzug die allerschönsten Lobpreisgebete und lässt nichts, aber auch gar nichts auf seinen Gott kommen. Er fließt geradezu über vor Dankbarkeit gegenüber Gott und bittet ihn, dass auch die Augen unseres Herzens erleuchtet werden: *„Er erleuchte die Augen eures Herzens, damit ihr seht, zu welcher Hoffnung ihr von ihm berufen seid, welcher Reichtum an Herrlichkeit den Heiligen zuteilwird und wie überschwänglich groß sich seine Kraft an uns erweist, die wir glauben.*

Mit dieser Macht seiner Stärke hat er in Christus gewirkt, als er ihn von den Toten auferweckt und zu seiner Rechten eingesetzt hat über alle Reiche, Gewalt, Macht, Herrschaft und was sonst noch Rang und Namen hat, nicht nur in dieser Welt, sondern auch in der zukünftigen. Alles hat er unter seine Füße getan und hat ihn, der das Haupt über alles ist, der Gemeinde zum Haupt gegeben; sie ist sein Leib, nämlich die Fülle dessen, der alles in allem erfüllt" (Epheser 1,18-23).

Paulus kennt seinen Gott. Er glaubt an seine uneingeschränkte Souveränität und erlebt, wie Gottes Kraft, mit der er Christus von den Toten auferweckt hat, an ihm und durch ihn und durch alle Gläubigen wirkt – auf den Wegen, die er sie führt. Schwere Wege und die Erfahrung von Schwäche betrachtet er als Möglichkeiten, dass Gottes Kraft noch deutlicher hervortreten kann und seine Jünger lernen, die unsichtbare Wirklichkeit umso fester „vor Augen zu haben". Denn diese unsichtbare, von jeher und bis in alle Ewigkeit bestehende Herrlichkeit lässt jedes erlebte Leid in der winzigen Spanne Zeit dieser vergänglichen Welt verblassen:

„Diesen kostbaren Schatz tragen wir in uns, obwohl wir nur zerbrechliche Gefäße sind. So wird jeder erkennen, dass die außerordentliche Kraft, die in uns wirkt, von Gott kommt und nicht von uns selbst. Die Schwierigkeiten bedrängen uns von allen Seiten, und doch werden wir nicht von ihnen überwältigt. Wir sind oft ratlos, aber wir verzweifeln nicht. Von Menschen werden wir verfolgt, aber bei Gott finden wir Zuflucht. Wir werden zu Boden geschlagen, aber wir kommen dabei nicht um. Tagtäglich erfahren wir am eigenen Leib etwas vom Sterben, das Jesus durchlitten hat. So wird an uns auch etwas vom Leben des auferstandenen Jesus sichtbar. Weil wir zu Jesus gehören, sind wir unser Leben lang ständig dem Tod ausgeliefert; aber an unserem sterblichen

Leib wird auch immer wieder sein Leben sichtbar. Uns bringt der Dienst für Jesus andauernd in Todesgefahr, euch dagegen hat er neues Leben gebracht.

Wir haben Gottes Geist, der uns auf Gott vertrauen lässt. Es ist derselbe Geist, der auch den Beter in der Heiligen Schrift erfüllte, als er sagte: ‚Ich vertraute auf Gott, deshalb redete ich!' Weil wir also an Jesus Christus glauben, müssen wir von ihm reden. Wir wissen: Gott, der den Herrn Jesus vom Tod auferweckt hat, wird uns genau wie ihn auferwecken. Dann werden wir mit euch gemeinsam vor Gott stehen. Alle Entbehrungen aber ertragen wir für euch. Denn je mehr Menschen das Geschenk der Gnade Gottes annehmen, umso mehr werden Gott danken und ihn über alles ehren. Darum verlieren wir nicht den Mut. Wenn auch unsere körperlichen Kräfte aufgezehrt werden, wird doch das Leben, das Gott uns schenkt, von Tag zu Tag erneuert. **Was wir jetzt leiden müssen, dauert nicht lange. Es ist leicht zu ertragen und bringt uns eine unendliche, unvorstellbare Herrlichkeit.** [Hervorh. d. Verf.]

Deshalb lassen wir uns von dem, was uns zurzeit so sichtbar bedrängt, nicht ablenken, sondern wir richten unseren Blick auf das, was jetzt noch unsichtbar ist. Denn das Sichtbare vergeht, doch das Unsichtbare bleibt ewig" (2. Korinther 4,7-18).

Paulus verschweigt die Zeiten nicht, in denen er und seine Gefährten mit ihren Kräften am Ende waren und schon mit dem Leben abgeschlossen hatten (vgl. 2. Korinther 1, 8-9a). Aber er ordnet selbst diese Erfahrung als etwas Positives ein und erzählt, wie er durch sie erkannt hat, was Gott ihn lehren wollte: *„Das geschah aber, damit wir unser Vertrauen nicht auf uns selbst setzen sollten, sondern auf Gott, der die Toten auferweckt, der uns auch aus solcher Todesnot errettet hat und erretten wird"* (2. Korinther 1,9b-10). Er setzt im Leid sein Vertrauen auf Gott und erfährt Gottes Trost: *„Denn wie die Leiden Christi reichlich über* uns kommen, so werden wir auch reichlich getröstet durch Christus" (2. Korinther 1,5; Lutherbibel).

Worin dieser Trost besteht, beschreibt er in seinen berühmten Versen im Römerbrief.

Seine Worte klingen wie ein Jubelruf allen Widrigkeiten zum Trotz. Sie sind keine leere Theorie oder theologische Abhandlung, mit der Paulus seine Überlegenheit als Gelehrter zum Ausdruck bringen möchte. Seine Worte sind das Zeugnis eines aufs Härteste verfolgten Menschen, der am eigenen Leib viele qualvolle Schmerzen erlitten hatte und dennoch erlebte, dass Gottes übernatürliche Gegenwart bei ihm war; es sind die Worte eines Menschen, der mit seinem Leben bezeugte, dass Jesu Liebe alles, aber auch alles, was uns entgegensteht oder uns zerstören will, überwindet:

„Ist Gott für uns, wer kann gegen uns sein? Der auch seinen eigenen Sohn nicht verschont hat, sondern hat ihn für uns alle dahingegeben – wie sollte er uns mit ihm nicht alles schenken? Wer will die Auserwählten Gottes beschuldigen? Gott ist hier, der gerecht macht. Wer will verdammen? Christus ist hier, der gestorben ist, ja vielmehr, der auch auferstanden ist, der zur Rechten Gottes ist und für uns eintritt. Wer will uns scheiden von der Liebe Gottes? Trübsal oder Angst oder Verfolgung oder Hunger oder Entbehrung oder Gefahr oder Schwert? Wie geschrieben steht (Psalm 44, 23): ‚Um deinetwillen werden wir getötet den ganzen Tag; wir sind geachtet wie Schlachtschafe.' **Aber in dem allen überwinden wir weit durch den, der uns geliebt hat** [Hervorh. d. Verf.].

Denn ich bin gewiss, dass weder Tod noch Leben, weder Engel noch Mächte noch Gewalten, weder Gegenwärtiges noch Zukünftiges, weder Hohes noch Tiefes noch irgendein anderes Geschöpf uns scheiden kann von der Liebe Gottes, die in Christus Jesus ist, unserem Herrn" (Römer 8,31-39; Lutherbibel).

So von Gott sprechen kann nur jemand, der mitten im Leid in Gottes Nähe bleibt; der sein Vertrauen nicht wegwirft, wenn es hart auf hart kommt, sondern trotz allem mit Lobpreis seinen Gott feiert und sich ganz in seinen Armen geborgen weiß. Der Trost besteht in der *Gegenwart Jesu mitten im Leid* und seiner Liebe, von der mich nichts und niemand trennen kann.

Tatsächlich fangen Paulus' Briefe fast alle mit einem leidenschaftlichen Lobpreis der Größe und der Liebe Gottes an – nicht weil sich das als „rhetorisch geschickte Einleitung" gut macht, sondern weil Paulus diese Größe und Liebe Gottes anbetend geschaut hat und erfüllt von dieser Realität Gottes war.

Wir neigen dazu, seine Worte in wenigen Sekunden zu überfliegen, aber Paulus *rang* nach Worten, um die geschaute und erlebte Herrlichkeit Gottes auch nur annähernd in Worte fassen zu können. Und diese Herrlichkeit, die uns die Sprache verschlägt, können wir auch schauen – wenn Anbetung unsere Lebenshaltung wird.

Für Paulus hat Lobpreis einen so zentralen Stellenwert, dass er in seinen Briefen immer wieder zum Dank und Lobpreis auffordert. In Philippi, in der Stadt, in der er mit Silas Gott um Mitternacht im Gefängnis gelobt hatte, entstand eine Gemeinde, an die er später folgende Worte in einem Brief schrieb. Und ich bin ich sicher, dass Paulus, der seine Worte sehr bewusst wählte, jedes einzelne Wort auch genau so meinte:

„Freut euch im Herrn allezeit, und abermals sage ich: Freut euch! Lasst alle Menschen eure Güte erfahren! Der Herr ist nahe! Sorgt euch um nichts, sondern **in allen Dingen** *lasst eure Bitten in Gebet und Flehen* **mit Danksagung** *vor Gott kommen! Und der Friede, der höher ist als alle Vernunft, wird eure Herzen und Gedanken bewahren in Christus Jesus [...].* **Was ihr von mir gelernt und empfangen und an mir gesehen habt, das tut; so**

wird der Gott des Friedens mit euch sein" *(Philipper 4,4-9;* Lutherbibel; Hervorh. d. Verf.).

Ebenso legt Paulus den Kolossern ans Herz, beharrlich zu beten und zu danken:

„Seid beharrlich im Gebet, und **wacht dabei mit Danken!"** (Kolosser 4,2; Lutherbibel; Hervorh. d. Verf.) Während wir noch beharrlich für etwas beten, wenn also die Gebetserhörung noch gar nicht da ist, sollen wir doch dabei mit Danken „wachen" in dem Vertrauen, dass Gott das Richtige tun wird – zu seiner Zeit.

Auch die Thessalonicher werden von Paulus eindringlich dazu aufgefordert, niemals aufzuhören, für *alles* dankbar zu sein: *„Seid allezeit fröhlich, betet, ohne nachzulassen,* **seid dankbar für alles***, denn das ist der Wille Gottes in Christus Jesus für euch"* (1. Thessalonicher 5,16-17; Lutherbibel; Hervorh. d. Verf.).

Und schauen wir uns auch noch einmal die Zeilen aus dem Epheserbrief an, mit denen die Reise dieses Buches begann: *„Ermuntert einander mit Psalmen und Lobgesängen und geistlichen Liedern, singt und spielt dem Herrn in euren Herzen und sagt Gott, dem Vater,* **allezeit Dank für alles***, im Namen unseres Herrn Jesus Christus, und ordnet euch einander unter in der Furcht Christi"* (Epheser 5, 19-21; Lutherbibel; Hervorh. d. Verf.).

Ob er diese Worte ernst gemeint haben kann? Mittlerweile dürfte die Antwort klar sein: Ja, hat er. Und mehr als das: Er hat uns sogar vorgelebt, dass es tatsächlich möglich ist, Gott in allen Umständen zu vertrauen, ihm für alles dankbar zu sein und sich ihm ganz hinzugeben. Denn Lobpreis war seine Herzenshaltung.

Lobpreis, weil Gott es wert ist

In den letzten Kapiteln dürfte anhand meiner eigenen Erfahrungen und der vielen biblischen Beispiele deutlich geworden sein, warum es gut ist, Gott tatsächlich immer und für alles zu danken. Wir konnten sehen, dass Lobpreis eine Möglichkeit ist, selbst mitten in Schmerz und Anfechtung geborgen in Gottes Gegenwart zu bleiben, dass Lobpreis darüber hinaus ein erprobtes „Kampfmittel" ist, um Feinde beziehungsweise die Finsternis zurückzudrängen, innere und äußere Ketten sprengen und sogar den Weg für ein Wunder ebnen kann. Doch neben all diesen Gründen, warum es gut ist, Gott wie Paulus „allezeit" zu loben und zu danken, gibt es einen Hauptgrund, mit dem ich schließen möchte: Weil er es wert ist. Weil Gott es wert ist, angebetet und gepriesen zu werden.

Wenn wir Gott auch nur ein kleines bisschen persönlich kennengelernt haben, fällt es uns sicher leicht zuzustimmen, dass Gott heilig, gütig, gerecht und barmherzig ist. Und auch wenn uns schwere Zeiten manchmal daran zweifeln lassen, ändern sich diese ewigen Eigenschaften Gottes nicht. Wenn wir Jesus einmal begegnet sind und ihn in unser Leben eingeladen haben, legt der Heilige Geist uns die Gewissheit ins Herz, dass er wirklich auferstanden und lebendig ist – und dass er uns liebt. Selbst wenn wir in unserer aktuellen Situation nichts mehr von der Güte Gottes sehen sollten, können wir uns mit dem Blick aufs Kreuz versichern, dass Gottes Wesen Liebe ist (vgl. Johannes 3,16: *„Denn Gott hat die Menschen so sehr geliebt, dass er seinen einzigen Sohn für sie hergab. Jeder, der an ihn glaubt, wird nicht zugrunde gehen, sondern das ewige Leben haben"*).

„Gott ist Liebe (1. Johannes 4,16)", so beschreibt Johannes Gott in seinem ganzen Wesen. Doch Gott hat noch ganz

viele andere wunderbare und buchstäblich lobenswerte Eigenschaften. Die Bibel beschreibt ihn als Schöpfer (Psalm 139,13), König der Könige (Offenbarung 17,14) und Herrn aller Herren (5. Mose 10,17), als Tröster (Johannes 14,15), Helfer und Erretter (Psalm 70,6), Erlöser (Jesaja 59,20), Licht der Welt (Johannes 8,12), als Weg, Wahrheit und Leben (Johannes 14,6), als Zuflucht (2. Samuel 22,3), Burg (Psalm 18,3), Friedensfürst (Jesaja 9,6), Überwinder (Johannes 16,33), Heiler (Maleachi 4,2), Ratgeber (Psalm 16,7) und Anfänger und Vollender unseres Glaubens (Hebräer 12,2). Sie nennt ihn allmächtig (2. Korinther 6,18), freundlich (1. Chronik 16,34), geduldig (Römer 15,5), treu (5. Mose 7,9), allwissend (Johannes 16,30), weise (Sprüche 3, 19-20), gnädig (Psalm 116,5), rein (1. Johannes 3,3), sündlos (1. Petrus 2,21-22), heilig (Psalm 22,4) und unwandelbar (Maleachi 3,6) (vgl. hierzu ausführlicher Omartian, Stormie: „Das Gebet, das alles verändert", S. 34). Und das sind noch lange nicht alle Eigenschaften und Facetten Gottes, doch allein diese Aufzählung machte mir erneut bewusst, wie überwältigend schön, wundervoll, herrlich, liebend und anbetungswürdig unser Gott doch ist! Er ist der Inbegriff all dessen, was wir uns nur wünschen können, und wir dürfen täglich mit diesem wundervollen Gott in engem Kontakt sein!

Wenn wir uns wirklich einmal intensiv damit befassen, wer und wie Gott ist, dann werden wir fast nicht anders können, als ihn anzubeten. All diese Eigenschaften, mit denen die Bibel Gott beschreibt, geben uns Gründe genug, Gott immer und überall zu loben. Wenn wir lernen beziehungsweise uns dazu entscheiden, Gott auch in den schweren Zeiten zu vertrauen und ihn für seine unveränderliche Güte und Barmherzigkeit zu preisen, werden wir nicht nur seine Nähe, seinen Trost und seinen Zuspruch viel konkreter wahrnehmen können, sondern auch noch mehr von seinem vollkommenen Wesen kennenlernen und ihn manches Mal auf wundervolle Weise in unserem Leben handeln sehen.

Ein eindrückliches Beispiel dafür finden wir in der Bibel. Im Alten Testament lesen wir, dass Gott auch sein Volk Israel immer wieder vor große Herausforderungen stellt. Doch wenn sein Volk ihm trotz Angst und Zweifel vertraut, sieht es Gott immer wieder in erstaunlicher Weise handeln und wird davon überzeugt, wie gut er zu ihm ist. In 2. Mose 15,1-18 wird uns mitgeteilt, wie Mose und die Israeliten Gott ein großes Loblied sangen. In diesem Lobgesang heißt es in Vers 11 (Lutherbibel): *„Herr, wer ist dir gleich unter den Göttern? Wer ist dir gleich, der so mächtig, heilig, schrecklich, löblich und wundertätig ist?"* Und Gott war schon mächtig, heilig, schrecklich, löblich und wundertätig, bevor die Israeliten dies auf ihrem Weg persönlich erfuhren und er sie aus der Gefangenschaft in Ägypten befreite und durchs Meer führte!

Auch in Offenbarung 15,2-4 (Lutherbibel) wird das Lied Moses und das Lied des Lammes gesungen: *„Groß und wunderbar sind deine Werke, Herr, allmächtiger Gott! Gerecht und wahrhaftig sind deine Wege, du König der Völker. Wer sollte deinen Namen, Herr, nicht fürchten und ihn nicht preisen? Du allein bist heilig! Ja, alle Völker werden kommen und vor dir anbeten, denn deine gerechten Taten sind offenbar geworden."* Dieses Lob Gottes kann zu allen Zeiten gesungen werden und es wird schon jetzt und immerfort im Himmel gesungen.

So können auch wir in dieses ewige Loblied einstimmen und mit Mose bezeugen: *„Der Herr ist meine Stärke und mein Lobgesang und ist mein Heil"* (2. Mose 15,2). Denn wir dürfen wissen: Dieser heilige, lebendige Gott wird auch für uns handeln. Er ändert sich nicht.

Mein Wunsch für deine persönliche Reise

Nun sind wir am Ende meiner persönlichen Reise angekommen, auf die ich dich mitgenommen habe. Du hast erfahren, wie Gott immer wieder in meinem Leben gehandelt hat, wenn ich ihm in allem vertraute und ihn für alles pries. Vielleicht fragst du dich jetzt: Ist Lobpreis wirklich eine Voraussetzung dafür, dass Gott etwas von seiner Herrlichkeit zeigt und ins Geschehen eingreift? Wären manche Dinge nicht auch einfach so passiert? Nun, ich glaube, das ist ähnlich wie bei dem Geheimnis des Gebets. Gott ist so gütig, dass er uns beschenkt, auch wenn wir nicht beten. Er ist so souverän, dass er natürlich auch ohne unser Gebet oder unseren Lobpreis handeln kann. Aber ganz bestimmt ist der bewusste und andauernde Lobpreis *in* der Krise und *für* die Krise ein weit geöffnetes Tor, das Gottes Liebe und Weisheit, sein Licht und sein Gegenwart in die Situation, die uns gerade belastet, hineinströmen lässt.

Gott ist immer da. Er ist jeden neuen Tag bereit, sich an uns zu verschenken. Unser vertrauensvoller Lobpreis ist unsere Einladung an ihn, eine Situation nach seinem Willen ganz in die Hand zu nehmen und seinen Namen darin zur verherrlichen.

Bevor wir uns nun „verabschieden", wünsche ich mir, dass du folgende Punkte im Herzen behältst:

Lobpreis ist wie ein goldener Weg, der dich in die heilige, heilende Gegenwart Gottes führt – sei es im Gottesdienst, in unseren ganz persönlichen Anbetungszeiten oder im mitten im Alltag, sei es in erfüllten, glücklichen Zeiten oder in herausfordernden Wüstenzeiten.

Lobpreis drückt aus, dass ich mich auf Gott und seine Zusagen verlasse – egal, was mein Leben mir gerade sagt.

Lobpreis lässt uns Gottes reale Gegenwart und seine Eigenschaften bewusster wahrnehmen, tiefer begreifen und fester glauben. Und je mehr wir Gott preisen, desto mehr kann seine Gegenwart unsere Gottesdienste, unsere alltäglichen Herausforderungen, schmerzliche Situationen und letztlich unser Innerstes durchdringen und verändern. Das, was ich nur „mit dem Verstand glaube", wird durch Lobpreis zur „Gewissheit" unseres Herzens.

Lobpreis sprengt den Rahmen meiner begrenzten Wahrnehmung und bereitet den Weg für ein Wunder.

Lobpreis vertreibt Satan und alle dunklen Mächte, weil Gott im Lobpreis wohnt und seine Gegenwart die Finsternis fliehen lässt.

Lobpreis ist wie ein heiliger Raum, gefüllt mit der Präsenz und Herrlichkeit Gottes, in die wir immer wieder eintreten dürfen. Unabhängig von der Situation, in der ich gerade stecke, breitet sich dieser heilige Raum in mir und um mich herum aus, wenn ich Gott mit Liebe und Ausdauer preise.

Lobpreis ist eine Herzenshaltung, die Gott gegenüber Liebe, Demut, Vertrauen, Ehrfurcht und Hingabe ausdrückt.

Mit dem Lobpreisgebet ist es wie mit dem Beten selbst: Wir können theoretisch darüber lesen, über einiges staunen, anderes infrage stellen und diskutieren, oder wir können uns selbst auf die Reise begeben, ganz praktisch beten und beginnen, Gott immer und überall und *für* alles zu preisen.

Es ist wunderbar, dem lebendigen Gott zu begegnen, sein Handeln noch viel konkreter im Alltag zu entdecken und selbst mitten in der Not den Frieden seiner Gegenwart zu erfahren. Und so möchte ich dich ermutigen, es wirklich auszuprobieren und Gott deinen Lobpreis als Ausdruck deines Vertrauens und deiner Hingabe zu bringen. Drei Dinge sind dabei wichtig:

- Wie das „normale" Gebet selbst, sollte auch das Lobpreis-gebet keine „fromme Übung" werden, etwas, was wir wie „automatisch" herunterleiern. Wir sollten unsere Worte sehr bewusst an Gott richten und wissen, warum und wofür wir beten und ihn preisen wollen.
- Wir preisen Gott nicht, damit wir etwas „schneller bekommen" oder „mehr" bekommen, weil wir „richtiger" oder „hingegebener" beten. Wir preisen Gott, weil wir erkannt haben, dass er absolut vertrauenswürdig und um uns besorgt ist. Wir preisen ihn, weil wir in einer tiefen und vertrauens-vollen Beziehung zu ihm stehen und ihm unsere Dankbarkeit darüber ausdrücken wollen, dass er immer aus Liebe an uns handelt.
- Wir überlassen Gott in Demut, wann und wie er an uns und an anderen handelt. Egal, ob wir sofort, später oder vielleicht auch gar nicht erkennen, wie Gott antwortet – wir lassen nichts auf unseren Gott kommen und hören nicht auf, ihn zu preisen, weil wir wissen, dass Gott vollkommen gut ist und sein Motiv immer Liebe ist.

Wie beim Gebet wird Satan versuchen, dich zu entmutigen nach dem Motto: „Es passiert ja sowieso nichts!" Aber bitte gib nicht so schnell auf! Lass dir nicht nehmen, was Gott dir schenken will: ein wachsendes Vertrauen, einen tieferen Glauben, eine lebendige Beziehung zu ihm und vor allem eine Begegnung mit ihm selbst, seiner Liebe und seiner Herrlichkeit.

Deshalb: Trust and praise!

Ich wünsche dir, dass Gott dir im Lobpreis begegnet.

Zusatzmaterial

Vorschlag für ein Lobpreisgebet in einer schweren Lebenslage

Herr, ich kann nicht aushalten, dass _____in meinem Leben passiert/passiert ist.

(Ich kann nicht mitansehen, wie _____leidet.) Ich kann das, was ich sehe und erlebe, nicht mit deiner Liebe, deiner Güte, deinem Erbarmen und deiner Weisheit in Übereinstimmung bringen.

Ich frage mich, warum du tatenlos zuschaust, wenn du doch alle Macht hast einzugreifen. Ich bin hilflos und wütend. Ich bin so traurig und fühle mich so verlassen, dass ich mich frage, ob es dich wirklich gibt – und wenn ja, ob du wirklich so bist, wie man behauptet. Wo soll denn nun dein guter Plan sein? Bist du wirklich so interessiert an mir, wie gesagt wird? Ich könnte irrewerden und spüre, wie mein Glaube und mein Vertrauen immer mehr schwinden.

Aber Herr, ich bringe dir meine ganze Trauer, meine Hilflosigkeit, meine Wut und meine Zweifel. Ich halte entgegen meiner Gefühle an dem fest, was du in der Bibel versprochen hast: (Füge hier einen Vers ein, auf den du dich verlassen willst und der in deine konkrete Situation passt.)

Vater, deine Liebe zu mir und allen Menschen steht fest: Du

hast dein Liebstes für mich und für uns alle in den Tod gegeben, du hast uns deinen Sohn geschickt und uns durch seinen Tod am Kreuz aus Satans Machtbereich befreit und von Sünde und Tod erlöst.

Du hast mitansehen müssen, wie dein Sohn am Kreuz für uns litt und dort unsere Schuld, unsere Schmerzen und unsere Krankheit trug. Deshalb glaube ich dir, dass du mich in allen Umständen liebst, und ich preise dich für diese unbeschreiblich große Liebe.

Ich weise alle Stimmen im Namen Jesu zurück, die mir weismachen wollen, du hättest mich vergessen.

Ich berge mich bei dir mit allen meinen Zweifeln.

Danke, dass du, Jesus, dafür gebetet hast, dass mein Glaube nicht aufhört.

Danke, dass du mir jeden Tag aufs Neue die Kraft gibst, an deiner Hand durch dieses finstere Tal zu gehen.

Danke, dass du da bist, auch wenn ich es jetzt nicht fühlen kann.

Danke, dass du versprochen hast, alle Tage meines Lebens bei mir zu sein, bis ans Ende der Zeiten.

Danke, dass ich bis dahin alles aushalten kann, was du erlaubt hast, in mein Leben zu treten.

Danke, dass mir alles zum Guten mitwirken muss.

Danke, dass du meine Angst, meine Trauer und Wut besiegen und mir Frieden schenken wirst.

Danke, dass du niemals aus Gleichgültigkeit oder Sadismus diese Dinge in meinem Leben zulassen würdest. Ich weise alle Stimmen, die mir genau das einreden wollen, in deinem Namen zurück. Stattdessen preise ich dich für deine Liebe und deine Weisheit. Hilf mir, in allen Umständen deinen guten Wegen zu vertrauen.

Danke, dass deine Liebe zu mir niemals aufhört. Und wenn

sich die äußeren Umstände nicht ändern sollten und vielleicht sogar noch schlimmer werden, preise ich dich dafür, dass die Leiden dieses Lebens – so unerträglich sie mir auch erscheinen – doch endlich sind. Ich glaube und halte daran fest, dass eine herrliche Ewigkeit vor mir liegt, in der du alle meine Tränen abwischen und allen Kummer heilen wirst.

Ich preise dich für dein Reich voller Licht und Gnade, das schon in dieser Welt angebrochen ist und durchschimmert, und ich preise dich dafür, dass ich dort einmal fern von Sünde, Schmerz und Gewalt für immer leben werde. Ich preise dich dafür, dass du mich erlöst hast und immer zu mir stehst.

Weil das alles so ist, preise ich dich im Glauben nun konkret dafür, dass du in deiner Liebe und Weisheit genau diese Umstände in meinem Leben zugelassen hast.

Du weißt, ich würde die Sache, diesen Umstand am liebsten sofort aus meinem Leben genommen bekommen. Aber ich will dir ganz neu und ganz bewusst auch in diesen Umständen vertrauen, weil ich weiß, dass du mich liebst und dass du in deiner Weisheit etwas Gutes für mich mit einem bleibenden Wert für dein Reich daraus hervorbringen willst.

Ich glaube, dass du der Sieger bist und dass dir nichts entgleitet, auch nicht in dieser Lage, in der ich mich befinde.

Ich lobe deinen Namen und bin dankbar, dass du bei mir bist!

(Wenn du mit jemandem anderen mitleidest, kannst du so oder ähnlich auch in der Fürbitte für diese Person und ihre Umstände Gott loben.)

Häufig gestellte Fragen

Ist es nicht einfach nur absurd, Gott für Leid und Anfechtung zu preisen? Krankheit, Tod und Leid kommen doch nicht von Gott, sondern von Satan! Sollte man nicht viel mehr gegen Satan und seinen Einfluss beten, bis die Anfechtung gewichen oder ein Mensch gesund geworden ist?

Über die Frage, ob Krankheit, Tod und Leid von Gott kommen oder von Satan, gibt es viele kontroverse Diskussionen unter Christen. Die Bibel sagt uns, dass Gott Licht ist und alles Gute und Vollkommene vom Vater des Lichts kommt, der Liebe und Barmherzigkeit pur ist (vgl. 1. Johannesbrief 1). Satan dagegen hat verlangt, uns zu sieben wie den Weizen (Lukas 22,31). Er ist es, der uns Krankheit und Leid zufügt.

Zugleich glauben wir jedoch, dass Gott absolut souverän ist. Satan kann uns nicht ein Haar krümmen, wenn Gott es nicht „erlaubt" (vgl. Hiob 1,12). Gott bestimmt ganz genau, wie weit Satan gehen darf.

Wenn Gott als höchste Autorität der Zulassende und Satan der Ausführende ist, empfange ich Leid letztlich aus Gottes Hand. Im Alten Testament wird oft erwähnt, dass Gott Hunger, Pest, Feuer und feindliche Heerscharen schickte, um sein Volk zu richten und dadurch zur Umkehr zu bewegen (vgl. z. B. Jeremia, Kapitel 5-7). Gott weiß, dass wir nur in der tiefen Verbindung mit ihm erfülltes und ewiges Leben haben können, während jeder Götzendienst uns unweigerlich von ihm und der Fülle des Lebens abschneidet. Wenn Gott also für sein Volk – und dazu gehören, seit Jesus Christus in die Welt kam und für uns starb, auch wir – Leid zulässt, ist sein Motiv dennoch Liebe, weil wir so umkehren und den Weg des Lebens, die Gemeinschaft mit Gott, wieder von ganzem Herzen suchen können. Aus dem gleichen Motiv lässt er uns auch die Konsequenzen unseres eigenen Verhaltens tragen, zum Beispiel, wenn ich aufgrund schlechter Ernährung krank werde.

Die Bibel zeigt uns viele Möglichkeiten auf, wie wir beten können. Dieses Buch legt den Fokus auf das Lobpreisgebet, da es eine unterschätzte *Möglichkeit* ist, Gott mit seiner Herrlichkeit und Macht bewusst in eine herausfordernde Situation einzuladen. Wir konzentrieren uns auf den Sieger von Golgatha, der schon jede Schlacht für uns gewonnen hat. Wir preisen ihn dafür, dass er der absolute Herr über jede Situation ist und weiß, wozu wir durch Anfechtung und Leid gehen, auch wenn wir selbst den Sinn dahinter (noch) nicht erkennen.

Natürlich dürfen wir beten, dass Gott das Leid oder die Anfechtung einfach wegnimmt. Wir dürfen Gebetsnächte organisieren und für den geistlichen Durchbruch in einer Situation beten. Wir können so lange beten, bis Gott die Situation wendet. Wir können dazu, wie in Epheser 6,10-18 beschrieben, die sogenannte „geistliche Waffenrüstung" anziehen, um gegen die finsteren Mächte zwischen Himmel und Erde anzukämpfen, und die Anfechtung durch unser Festhalten an der Wahrheit bestehen – nämlich, dass wir unendlich geliebt und in Jesus Christus freigesprochen sind von aller Schuld. Unsere Waffenrüstung umfasst die Bereitschaft, das Evangelium zu verkünden, unseren Glauben, unsere Heilsgewissheit und „das Schwert des Geistes", welches das Wort Gottes ist. Zu dieser Waffenrüstung gehört auch, dass wir mit Bitten und Flehen im Geist beten und mit aller Ausdauer wachen. Auf all diesen Gebetsmöglichkeiten liegt ausdrücklich Gottes Segen und er wird darauf antworten.

Und selbstverständlich beten wir *gegen* dämonische Einflüsse, gegen Anfechtung und das Böse. Jesus selbst lehrte uns im Vaterunser, dass wir beten sollen: „*... und führe uns nicht in*

Versuchung, sondern erlöse uns von dem Bösen" (Matthäus 6,13).
Wir dürfen und sollen gegen Krankheiten und für Gesundheit
beten, um Schutz und Bewahrung, um Befreiung und gegen finstere und zerstörerische Mächte. Und sehr oft gewährt Gott uns
diese Bitten, bewahrt und segnet uns. Ganz bestimmt könnten
noch viel mehr Menschen geheilt und gesegnet werden, wenn
wir als Christen voll Vertrauen von unserem Vorrecht Gebrauch
machen würden, Gott um alles zu bitten und in der Vollmacht
seines Geistes aufzustehen, um nach dem Vorbild Jesu und seiner Jünger bösen Mächten Einhalt zu gebieten.

Wir müssen also unterscheiden, in welcher Situation wir
uns befinden, und uns vom Heiligen Geist führen lassen, wie
wir beten sollen. Manchmal sollen wir nicht mehr gegen etwas
anbeten, sondern die Situation vertrauensvoll annehmen, wie
wir aus der Apostelgeschichte lernen können:

Nachdem der Heilige Geist Paulus ein ums andere Mal
bezeugt hatte, dass ihn in Jerusalem Gefangenschaft und
Bedrängnisse erwarten würden, betet Paulus *nicht* dagegen an,
sondern bezeichnet sich vielmehr als „Gefangenen des Heiligen
Geistes", der nicht mehr nach seinem eigenen Leben fragt, sondern so sein Leben hingeben will, wie Gott es durch seinen Geist
führt (vgl. Apostelgeschichte 20,22-24).

Wenn Gott also trotz all unserer Gebete gegen böse Mächte
eine schwere Situation zugelassen hat oder sogar bestehen lässt,
bedeutet Lobpreis, ihn auch in dieser Situation als Herrn über
alles zu deklarieren; nicht etwa Satan beherrscht die Situation,
sondern Gott ist der Herr der Lage.

Wenn Gott uns so sehr liebt, dass er sogar seinen kostbaren
Sohn an unserer Stelle in den Tod gibt, und wenn er zugleich alle
Macht über Himmel und Erde, die sichtbare und die unsichtbare
Welt hat, würde er *niemals* etwas zulassen, das unserer Seele
und unserem Geist bleibend schadet. Im Lobpreis tue ich nichts

anderes, als seine Wahrheit zu proklamieren, nämlich dass Gott Herr und dass Gott Liebe ist. Deshalb kann ich Gott selbst im Leid über meinen begrenzten Horizont hinaus anbeten und dabei auch die Ewigkeit fest in den Blick nehmen, indem ich den Himmel als realen Ort begreife.

Ich wende im Lobpreis das Schwert des Geistes an, das Wort Gottes, und halte daran fest, dass Gott weiß, was er tut, wenn er Versuchung und Leid für mich zulässt. Ich verlasse mich im Lobpreis auf sein Versprechen, dass Gott mit der Versuchung auch ihr Ende schafft (vgl. 1. Korinther 10,12-13). Ich verlasse mich darauf, dass, auch wenn Satan uns sieben darf wie den Weizen (vgl. Lukas 22,31), Gott versprochen hat, uns alle Dinge zum Besten dienen zu lassen (vgl. Römer 8,28).

Gott bleibt liebevoller und souveräner Herr der Lage, in dessen Händen wir geborgen bleiben. Wir können ihm vertrauen, dass er uns in Zeiten der Anfechtung beisteht und trotz dieser Situation oder gerade durch diese Situation positive Ziele für unser Leben verfolgt.

Preist du Gott auch, wenn in der Welt schlimme Katastrophen passieren?

Jesus spricht ausdrücklich Seligpreisungen über diejenigen aus, die Leid tragen, und über diejenigen, die um seinetwillen geschmäht und verfolgt werden (vgl. Matthäus 5,4 und 5,11). Wir erfahren meistens nicht, wie vielleicht gerade eine schlimme Katastrophe dazu beigetragen hat, dass Menschen beginnen, Gott zu suchen.

Wenn eine schlimme Katastrophe passiert, bin ich natürlich geschockt und traurig, aber ich halte dennoch fest, dass Gott sich nicht plötzlich geändert hat. Er ist und bleibt der Gott, der seinen Sohn für uns gegeben hat, damit wir leben können, der nichts unversucht gelassen hat, damit wir zurück zu ihm nach Hause finden.

Ich bitte um seinen Trost für die Betroffenen und um seine spürbare Gegenwart mitten im Leid. Ich preise ihn auch im Angesicht von großem Leid, dass er der Sieger über Satan und den Tod ist und dass er dafür sorgen wird, dass jedes Leid endet. Ich preise ihn im Glauben – entgegen dem, was meine Augen an Bildern im Fernsehen sehen oder was meine Ohren im Radio hören. Ich preise ihn, weil ich *glaube*, dass er auch mitten im Leid zu seinen Zielen kommt: uns in seine Gegenwart zu rufen, uns beizustehen, zu retten, zu helfen und sich zu offenbaren.

Mir ist bewusst, dass dieses Ziel für den größten Teil der Menschen in Not nicht sofort erreicht wird und viele zutiefst verzweifelt sind. Ich glaube jedoch daran, dass die erlittene Katastrophe nicht das Ende der Geschichte ist, die Gott mit ihnen schreibt. Ich glaube an einen Gott, der seine Kinder über alles liebt, der sie sucht, sie ruft und sie manchmal als letztes Mittel vielleicht durch eine Katastrophe aufrüttelt, weil es ihm eben nicht nur um ihr Leben in dieser Welt geht, sondern um die Ewigkeit bei ihm.

Gott will den auf sich selbst konzentrierten Menschen daran erinnern, dass sein Leben endlich ist, dass er unweigerlich auf den Tod zugeht, aber dass der Mensch selbst wählen kann, ob er in Beziehung zu seinem Schöpfer leben will und Gottes Gnadengeschenk annehmen möchte: die Vergebung der Schuld, die Jesus am Kreuz für uns bezahlt hat, und das Geschenk, bei Gott ewig leben zu dürfen.

Was kann ich machen, wenn ich nicht mehr beten kann und meinen Glauben an Gott verloren habe, weil etwas Schreckli-

ches in meinem Leben passiert ist? Nach Lobpreis ist mir da bestimmt nicht!

Wenn etwas Schreckliches in unserem Leben passiert ist, stehen wir unter Schock. Je nachdem, wie heftig die Auswirkungen der Krise für uns sind, brauchen wir viel Zeit und oft auch therapeutische Hilfe, um mit der leidvollen Situation und ihren Folgen umgehen und irgendwie weitermachen zu können. Das gilt für unser normales Leben, das total aus den Fugen geraten ist, aber auch für unser geistliches Leben.

Und Gott versteht das. Er gesteht dir diese Zeit zu. Er hat dich nie verlassen und er wird dich nicht verlassen. Er trägt dich, auch wenn du es nicht spüren kannst. Er ist bei dir. Wenn du dich an ihn wendest und das Gespräch mit ihm wieder aufnimmst, trotz aller bohrenden Fragen, Enttäuschungen und Zweifel, gestattest du ihm Zugang zu deinem Schmerz, anstatt die Mauer gegen ihn immer höher zu ziehen. Der Prozess der Heilung kann beginnen, auch wenn es ein langer Weg sein mag. Für den Anfang reicht es vollkommen, Gott immer wieder deine große Enttäuschung oder auch deine Wut, deinen Schmerz und deine Fassungslosigkeit hinzuhalten.

Wenn dir selbst dieser Schritt nicht möglich ist, weil du dich von Gott im Stich gelassen fühlst, bitte gute Freunde, dafür zu beten, dass der Heilige Geist dir hilft, die Verbindung zu Gott wiederaufzunehmen. Vielleicht kannst du dich überwinden, die Psalmen aufzuschlagen und den einen oder anderen Psalm laut zu lesen. Vielleicht wählst du einen oder zwei Verse aus, in denen du dich wiederfindest, und entscheidest dich, diese Verse als Gebet zu Gott zu sprechen.

Und egal, was du dabei fühlst oder nicht: In der unsichtbaren Welt steht fest, dass du dich damit wieder an Gott gewendet hast und nicht länger abgeschnitten von ihm lebst. Nur zu gern möchte Satan, dass du dich für immer von Gott abwendest, aber Jesus hat dafür gebetet, dass dein Glaube nicht aufhört (vgl. Lukas 22,31-32).

Wenn du dich überwindest, entgegen allem, was du fühlst, an deinem Gott festzuhalten, bedeutet das einen Wendepunkt in deiner Geschichte mit Gott. Denn deine Geschichte mit Gott ist noch nicht zu Ende. Er wird dich nicht im finsteren Tal lassen, sondern dir im Angesicht deiner Feinde einen Tisch decken (vgl. Psalm 23).

Eine andere Möglichkeit, bei tiefer Verletzung und Verbitterung die Mauer zwischen dir und Gott wieder zu überwinden, ist es, einen Brief (oder eine Mail) zu schreiben unter der Überschrift: „Was ich Gott sagen würde, wenn ich noch mit ihm reden würde."

Am Ende dieses Briefes oder dieser Mail entscheidest du dann, was Gott davon tatsächlich wissen sollte. Lies ihm die wichtigsten Sätze oder auch die ganze Mail dann einfach vor. Sag ihm, dass du ihn um eine Antwort bittest und dass dir der Heilige Geist helfen möge, diese Antwort wahrzunehmen.

Wenn du mehr der kreative Typ bist, kannst du deinen Schmerz, deine Trauer oder deine Wut auch malen oder anders gestalten. Lege danach dein Bild oder die Skulptur unter ein Kreuz oder an einen anderen für dich besonderen Ort und bete nur diese drei Worte: „Bitte hilf mir!"

Gott hört dich und er wird dir helfen. Warum wir manchmal unerträglich lange auf seine Antwort und Hilfe warten müssen, kann ich dir nicht sagen. Aber er *wird* dir helfen, das hat er versprochen: *„Wenn du keinen Ausweg mehr siehst, dann rufe mich zu Hilfe! Ich will dich retten, und du sollst mich preisen"* (Psalm 50,15). Vermutlich sagst du jetzt: „Nein, er hat mir nicht geholfen. Das ist ja gerade mein Problem. Ich habe ihn angerufen in der Not und er hat mir nicht geholfen. Gerade deshalb habe ich ja meinen Glauben verloren und kann jetzt nicht mehr beten."

Wie gesagt, manchmal müssen wir sehr lange auf sein Eingreifen warten, und vielleicht kommt Gottes Hilfe auch nie in der konkreten Form, wie wir es uns erhofft haben. Ich weiß aber, dass Jesus lebt, dass er dich unendlich liebt und auch mitten im Leid für dich da sein will.

Aus deiner Frage spricht für mich Sehnsucht. Es gab eine Zeit, in der alles gut war in deiner Beziehung mit Gott. Dann sind Ereignisse eingetreten, die dir den Boden unter den Füßen weggezogen haben und dich in tiefen Schmerz gestürzt haben. Ich glaube, deine Seele ahnt, dass sie in diesem tiefen Schmerz Gott selbst braucht. Ich bitte dich deshalb, setze noch einmal alles auf eine Karte und flüchte dich in Gottes Arme. Versuche, so gut du kannst, weiter im Kontakt mit Gott zu bleiben. Mach deine Beziehung zu ihm nicht abhängig davon, was in deinem Leben passiert ist; lass sie dein Zufluchtsort unabhängig von äußeren Umständen werden.

Bitte Gott, dir durch seinen Heiligen Geist einen Neuanfang zu schenken, und bitte ihn, dir neu zu begegnen.

Lobpreis ist, so wie in diesem Buch beschrieben, dabei kein „Muss" und auch keine „Voraussetzung" für Gottes Eingreifen, sondern nur eine Möglichkeit, sich bei ihm zu bergen. Doch so oder so bist du in Gottes Hände gezeichnet und er wird dich niemals hergeben. Bleib an ihm dran, klagen und schreien genügt. Hauptsache, du nimmst die Verbindung mit ihm wieder auf. Wann und wie, bleibt deine Entscheidung.

Gibst du Gott wirklich für *alles* Lobpreis oder gibt es „Grenzen"?

Diese Frage kann ich nur theoretisch beantworten, denn ich habe natürlich längst noch nicht alle furchtbaren Situationen durchlebt, in die ein Mensch kommen kann. Ich weiß zum Beispiel nicht, wie ich unter Folter reagieren würde. Wahrscheinlich hätte ich alle Mühe, Jesus nicht zu verleugnen. Vielleicht würde ich kläglich versagen.

Ich weiß nur, wie ich gern in der Kraft des Heiligen Geistes reagieren *würde*: Ich *würde* gerne auch in dieser Situation daran festhalten, dass Gott größer ist als alles, dass jeder Schmerz endlich und Gottes unsichtbares Reich ewig ist, dass ihm absolut *nichts* entgleitet und ich voll und ganz geborgen bin in seiner Hand – egal, was auf dieser Seite der Wirklichkeit mit mir passiert.

Und ja, ich würde mir wünschen, ihn unter Folter umso lauter zu preisen, und wenn ich eine solche Erfahrung überlebte, würde ich mir wünschen, danach nicht bitter zu werden, Gott erst recht zu preisen und es ihm zu überlassen, was er aus dem Erlittenen machen will.

Aber auch, wie ich mich in anderen Szenarien verhalten würde, kann ich dir nicht sagen. Ich weiß nicht, was ich tun würde, wenn einem meiner Kinder etwas angetan werden würde, oder wie ich mich selbst verhalten würde, wenn ich schon seit meiner frühen Kindheit Schreckliches erlebt hätte.

Keiner kann beantworten, warum dem einen eine glückliche Kindheit geschenkt wurde und der andere jahrelang schlimmste Gewalt erleidet und scheinbar keines der verzweifelten Kindergebete von Gott erhört wird. Ich weiß aber von anderen Christen, dass es möglich ist, auch erlittene schwere Gewalt zu vergeben und im Lobpreis Gott als die höchste Autorität über die sichtbare und die unsichtbare Welt anzuerkennen. Wenn ich Gott und seiner Liebe über alle Umstände dieser Welt hinaus vertraue, kann ich meinen Schmerz irgendwann hinter mir lassen. Ich kann wieder aufstehen, in Freiheit und Würde als Kind Gottes meinen Weg weitergehen und meinem König folgen, der selbst in dieser Welt Folter und schlimmstes Leid erlitten hat.

Die Menschen haben nicht davor zurückgeschreckt, den Sohn Gottes zu foltern und zu töten, aber Gottes Auferstehungskraft hat Jesus vom Tod errettet und alles gewendet. Viele verfolgte Christen hören nicht auf, Gott zu preisen und bezeugen in ihren Briefen an ihre Geschwister im Glauben, dass Gott ihnen begegnet und übernatürlichen Frieden schenkt.

Ich glaube, dass Gott uns diesen übernatürlichen Frieden schenken will (vgl. Johannes 14,27) und dass wir auch bei schwerem Leid eine andere Perspektive einnehmen können, wenn wir diese Welt aus Gottes Sicht betrachten. Diese „Ewigkeitsperspektive" können wir immer mehr verinnerlichen, je vertrauter wir mit Gott werden. Tod ist keine Katastrophe für jemanden, der an Gott glaubt, denn der Himmel ist ein realer Ort für ihn. Der Mensch, der in Christus stirbt, ist in die Herrlichkeit Gottes übergetreten. Auf dieser Seite der Wirklichkeit ist es schrecklich, wenn kleine Kinder sterben oder wir einen geliebten Menschen verlieren. Aus Gottes Sicht bedeutet dieser Vorgang jedoch Erlösung und ein Leben in unbeschwerter Freude.

Ob ich als Mensch Gott wirklich für alles preisen kann, wird davon abhängen, wie sehr ich seine Sicht der Dinge übernehme und ihm über dieses Leben hinaus vertrauen lerne.

Passiert immer etwas, wenn du Gott preist, oder passiert auch manchmal gar nichts? Was kann ich machen, wenn sich nach meinem Lobpreisgebet überhaupt nichts ändert und ich Gott auch nicht fühle?

In einem Buch wie diesem, das den Fokus auf eine bestimmte Sache wie in diesem Fall das Lobpreisgebet in allen Lebenslagen legt, erscheint es fast so, als sei mit Lobpreis „das Wundermittel" gefunden, mit dem man alles überwinden kann, nach dem Motto: „Lobe Gott und alles wird gut!"

In meinem Leben habe ich das tatsächlich oft so erlebt, sonst hätte ich dieses Buch nicht geschrieben, um meine Erfahrungen mit diesem *möglichen* Zugang zu Gottes Realität weiterzugeben. Aber Lobpreis ist kein „Rezept", um mir Gott „verfügbar" oder „erlebbar" zu machen oder um doch noch zu bekommen, was ich so gern haben wollte. Vielmehr ist Lobpreis eine Haltung gegenüber Gott, die mein Vertrauen ausdrückt, dass er mich liebt – egal, was geschieht oder was ich von ihm wahrnehme und fühle.

Zwischen den in diesem Buch geschilderten Ereignissen liegt auch viel Alltag. In vielen kleinen Alltagssituationen, die mich nerven oder über die ich mich aufregen könnte, schicke ich ein Lobpreisgebet ab und danke Gott dafür, dass er alle Umstände in seiner Hand hat. Gott weiß, wozu ich gerade den Bus verpasst habe, warum die Autoreparatur so unglaublich teuer ist oder ich schon wieder krank bin. Doch trotz eines Lobpreisgebets kann ich längst nicht immer die sinnvollen Gründe oder die positiven Auswirkungen einer unerfreulichen Situation, geschweige denn Gottes Handeln darin erkennen. Aber ich bleibe viel gelassener, kann abwarten und darauf vertrauen, dass die Situation *bei ihm* Sinn macht und dass mein Weg aufgrund dieser Situation eine Richtung verfolgt, die Gottes gutem Plan für mich dient.

Wie in den persönlichen Beispielen beschrieben, kann eine äußere Situation – aus menschlicher Sicht – zunächst sogar schlimmer werden! Auch innerlich hat sich meine Sorge und Verzweiflung meistens nicht sofort mit einem Lobpreisgebet

„erledigt". Oft erlebe ich es als einen Prozess, der manchmal auch sehr lange dauern kann, in dem ich meine Sorgen zusammen mit Lobpreis zu Gott bringe. Und dann habe ich es immer wieder erlebt, dass Gott mir nach und nach neue, tiefe Erkenntnisse über ihn und sein Reich schenkt. Ich konnte „Schreckliches" hinter mir lassen und gestärkt in die Zukunft gehen.

Auch wenn ich also zunächst keine Auswirkung von meinem Lobpreisgebet „sehe" oder „spüre", bleibe ich dabei, Gott zu loben. Und oft (aber eben nicht immer) nehme ich dann nach einer gewissen Zeit wahr, was der Heilige Geist mir zeigen oder sagen will und um welche Veränderung es bei diesem Prozess in meiner Seele und meinem Geist geht.

Damit meine Beziehung zu Gott erfüllt bleiben kann, finde ich es sehr wichtig, mir vom Heiligen Geist auch immer wieder zeigen zu lassen, ob es eventuell Schuld in meinem Leben gibt, die zwischen mir und Gott steht und die ich bekennen muss, damit der Heilige Geist mich wieder mit seiner Freude erfüllen kann. Wie ich schon vorher im Buch erwähnt habe: Selbstverständlich ist nicht jedes Leid eine Erziehungsmaßnahme und schon gar keine Strafe Gottes, da Jesus die Strafe für unsere Schuld getragen hat. Aber es kann sein, dass er uns durch schmerzhafte Situationen auf etwas hinweisen möchte oder aber dass das, worunter wir gerade leiden, auch einfach nur eine Konsequenz aus unserem eigenen Fehlverhalten ist.

In diesen beiden Fällen ist es dann wichtig, dass wir umkehren und Gott um Vergebung bitten. Vielleicht muss ich auch einen anderen Menschen um Vergebung bitten.

Außerdem sollte ich immer bereit sein, jemandem, der an mir schuldig geworden ist, mit der Hilfe des Heiligen Geistes zu vergeben (auch das darf ein Prozess sein, bis der Heilige Geist mein Herz dafür vorbereitet hat). Vergeben zu können wird mich freisetzen, Gott von ganzem Herzen anzubeten, anstatt in meinen Gedanken immer nur um meine eigenen Wunden zu kreisen oder mich in Rachegedanken zu verlieren.

Lobpreis sollte nicht zur Ausflucht werden, um mich nicht dem zu stellen, was Gott mir über mich selbst, meine Beziehungen und mein aktuelles Problem sagen will. Wir sollten Gott nicht nur mit unseren Lippen loben, sondern auch mit unserem Verhalten, und uns nach dem richten, wozu er uns in seinem Wort auffordert. Überhaupt meint Lobpreis nicht, dass wir gar nichts mehr tun müssen. Beispielsweise sollte ich bei Arbeitslosigkeit oder Geldknappheit nicht nur im Lobpreis verharren, sondern ich muss auch selbst aktiv werden und unter Gottes Führung ganz konkrete „vernünftige" Schritte gehen.

Genauso muss ich bei gesundheitlichen Problemen einen Arzt aufsuchen, mich angemessen auf Prüfungen vorbereiten oder in Notsituationen andere Menschen um Hilfe bitten. Wenn Situationen sich nicht sofort ändern und ich auch nichts „fühle", drückt Lobpreis dennoch mein Vertrauen gegenüber Gott aus, dass er trotz allem gut ist und in allen Schwierigkeiten für mich sorgen wird. Auch wenn ich in meinem Lobpreis nichts fühle, ehre ich damit trotzdem Gott, der seinen Sohn für mich gegeben hat und mich niemals verlassen wird.

Hilft Lobpreis auch in einer Depression?

Ein Mensch, der an einer schweren Depression erkrankt ist, sollte unbedingt einen Arzt aufsuchen und gegebenenfalls auch bereit sein, in eine psychiatrische Klinik zu gehen, damit er dort auf die für ihn notwendigen Medikamente eingestellt werden kann. Auf jeden Fall sollte er die Hilfe eines Therapeuten in Anspruch nehmen und mit ihm zusammen Wege erarbeiten, wie er es am besten durch seine Depression hindurchschafft oder auch wie er lernen kann, mit einer chronischen Depression zu leben.

Eine Depression zeigt sich vor allem in fehlender Freude, einer anhaltenden Antriebslosigkeit und kreisenden negativen Gedanken. Daher neigt man als Laie (und oft leider erst recht als christlicher Laie) dazu zu glauben, ein an einer Depression erkrankter Mensch müsse sich nur „ein bisschen zusammenreißen", wieder das „Richtige" denken, ein bisschen dankbarer werden, all das Gute in seinem Leben mehr genießen und einfach mehr beten und Gott danken. Der Laie glaubt, dass der Betroffene „einfach aufhören sollte, sich gehen zu lassen", und stattdessen „einfach mal" jemanden anrufen oder raus an die frische Luft sollte, statt „immer nur rumzuhängen". Er glaubt, die Wurzel des Problems sei die schlechte innere Haltung des Betroffenen.

In Wirklichkeit ist die vermeintlich schlechte innere Haltung des Betroffenen jedoch die *Folge* seiner Depression. So wie man mit 41 Grad Fieber und einer schweren Grippe einfach keinen Tausendmeterlauf rennen *kann,* kann man als depressiver Mensch auch nicht einfach wieder fröhlich und aktiv sein. Denn eine Depression blockiert die Fähigkeit, positiv zu denken, sowie den Antrieb, normalerweise ganz selbstverständliche Dinge zu tun wie morgens aufzustehen, seiner Arbeit nachzugehen oder einen Freund anzurufen.

Die Auswirkungen einer Depression entziehen sich der Willenskraft oder der Selbstdisziplin des Betroffenen, wenn ihre Ursache in einer gestörten Signalübertragung der Neurotransmitter (Botenstoffe) Serotonin, Dopamin und Noradrenalin liegt. So wie die Bauchspeicheldrüse bei einer Diabetes-Erkrankung einfach nicht mehr genug Insulin herstellt, funktioniert bei einer Depression die Signalübertragung nicht mehr richtig. Dadurch ist ein Mensch in der Depression einfach *nicht in der*

Lage, ohne Medikamente aus diesem Zustand herauszukommen.

Oft sind die Betroffenen deshalb auch einfach nicht mehr in der Lage, zu beten oder Gott zu loben. Einige Betroffene können auch gar nicht mehr an Gott glauben. Ein Mensch, der an einer Depression erkrankt – vor allem an einer neurobiologisch ausgelösten –, muss also zum Arzt, denn alles gute Zureden kann ihm nicht helfen.

Und wie wir zwar auch bei einem Knochenbruch oder bei einer Krebserkrankung beten und daran glauben, dass Gott selbstverständlich jederzeit ein Wunder tun und sofortige Heilung schenken könnte, den Patienten aber dennoch auf jeden Fall zum Arzt bringen, so beten, hoffen und glauben wir auch für einen Menschen mit Depressionen *und* werden ihn dennoch zum Arzt bringen.

Für sogenannte reaktive Depressionen, also Depressionen, die vor allem eine Reaktion auf äußere Umstände sind (zum Beispiel der Verlust des Partners, Arbeitslosigkeit oder ein schlimmer Unfall), gilt, dass es natürlich hilft, im Lobpreis den Blick weg von meinem Schmerz hin auf Gott und sein Reich zu lenken, seine Herrlichkeit anzuschauen und sein Licht in meine Seele und meinen Geist strahlen zu lassen, anstatt nur mein eigenes Elend vor Augen zu haben. Gottes Wort ist da sehr weise. Dort heißt es: *„Weinen hat seine Zeit, lachen hat seine Zeit; klagen hat seine Zeit, tanzen hat seine Zeit"* (Prediger 3,4; Lutherbibel). Ich darf weinen und klagen, denn das gehört zum Menschsein dazu. Gott versteht es, wenn wir uns bei langer Arbeitslosigkeit verkriechen oder bei chronischer Krankheit zu müde zum Gebet werden.

Es gibt viele Gründe für depressive Verstimmungen und reaktive Depressionen, und Gott hilft uns, sie zu überstehen – ob wir beten oder nicht, ob wir ihn preisen oder nicht. *Und* (nicht

„aber", sondern „und") er schenkt uns im Lobpreis die *Möglich-keit,* uns auch schon mitten in der depressiven Phase über alle unsere Umstände zu erheben und ihm zu begegnen, bei ihm aufzutanken und uns von ihm stärken und trösten zu lassen.

Diese Möglichkeit nutze ich für mich selbst gern, so gut ich es eben in den jeweiligen Umständen kann. Der Heilige Geist kommt mir zu Hilfe – manchmal sofort, manchmal auch erst nach und nach über einen längeren Zeitraum hinweg. Erst im Rückblick kann ich dann erkennen, dass Gott nachhaltig mein Inneres verändert hat.

Wenn ich für andere Menschen mit Depressionen bete, unterscheide ich: In meiner persönlichen Fürbitte für die betroffene Person drücke ich flehentlich meinen Wunsch aus, dass die Depression weichen möge. Zugleich ist mein Gebet immer auch von Lobpreis und einem tiefen Vertrauen begleitet, dass Gott genau weiß, was er tut und zulässt, und dass bei ihm die Sache einen Sinn macht, die wir uns für den anderen einfach nur weg-wünschen.

Wenn ich mit einem Menschen in einer Depression zusam-men bete, bin ich sehr vorsichtig, was ich laut formuliere. Ich frage die Person, wofür ich beten soll, und halte mich im Gebet dann an ihren Wunsch. Selbstverständlich werde ich einem schwer depressiven Menschen kein Lobpreisgebet *für* die Depression „überstülpen".

Viele gläubige Menschen sind aber dankbar und sehen einen kleinen Streifen Licht am fernen Horizont, wenn man ihnen im Gebet behutsam Gottes Wahrheiten zuspricht – zum Beispiel, dass sie in Gottes Hände gezeichnet sind, dass ihr himmlischer Vater sie nicht hergibt und sie trägt, wenn sie nicht mehr kön-nen, und dass sie nichts leisten müssen, um von Gott geliebt zu werden, ja, dass sie nicht einmal eine Leistung in Form von Gebet erbringen müssen.

Für diese Wahrheiten *könnte* dann, je nach Befinden und Wunsch des depressiven Menschen, Gott gemeinsam gedankt werden.

Warum lässt ein Gott der Liebe so viel Leid zu? Manchmal fällt es mir wirklich schwer, so einen Gott zu loben ... Wie passt das zusammen?

Vermutlich hat jeder Mensch, der in irgendeiner Art und Weise an die Existenz Gottes glaubt oder sie zumindest in Erwägung zieht, sich schon einmal diese Frage gestellt: Wie kann Gott so viel Leid zulassen, wenn er die Menschen doch so sehr liebt und zugleich alle Macht hat, jedes Leid zu verhindern?

Manche Menschen zerbrechen an dieser Frage und können angesichts des unermesslichen Leids, mit dem sie konfrontiert werden, einfach nicht an einen liebevollen und allmächtigen Gott glauben.

Andere, die einmal fest an Gott geglaubt haben, stellen seine Existenz oder seine Güte infrage, wenn sie selbst Situationen durchleben müssen, die kaum zu ertragen sind. Ihr Glaube zerbricht am Leid beziehungsweise an folgender Frage:

Warum muss auch ein Christ oft Unerträgliches durchleiden, der doch in enger Verbundenheit mit Gott lebt und seine ganze Hoffnung auf ihn gesetzt hat? Warum beschützt Gott ihn nicht und bewahrt ihn vor dem Leid?

Es ist schwer, unerträgliche Situationen über einen langen Zeitraum hinweg aushalten zu müssen in dem Wissen, dass Gott eingreifen *könnte*, aber es scheinbar einfach nicht möchte. Jemand, der nicht glaubt, leidet genauso an der Situation, aber er erwartet dabei keine Hilfe von einem übernatürlichen Wesen. So fehlt ihm zwar einerseits die „übernatürliche Hoffnung", aber andererseits bleibt ihm auch das Hadern mit Gott erspart – und das kann in manchen Situationen tatsächlich sehr schmerzhaft sein.

Jemand, der glaubt, muss eine schwere Situation durchstehen und trägt zusätzlich eine große Enttäuschung und bohrende Frage mit sich herum: „Herr, warum hilfst du mir nicht? Habe ich eine schreckliche Sünde begangen? Liebst du mich nicht mehr? Hast du mich vergessen? Warum hast du meine Lieben nicht beschützt, obwohl wir alle für sie gebetet haben? Gibt es dich vielleicht doch nicht?" Letztendlich gipfeln alle diese Fragen in dem verzweifelten Aufschrei: „Warum??"

Oft wird dann in frommen Kreisen geantwortet: „Gott ist eben souverän." Das stimmt, aber diese Antwort klingt manchmal so, als würde Gott eben machen, was er will – einfach weil er gerade Lust dazu hat. Dann wäre Gott aber nichts anderes als ein überirdischer Despot, der aus irgendeiner Laune seinen Untertanen ab und zu einfach mal Schmerzen zufügt – vor allem denen, gegen die er gerade „etwas hat".

Die meisten von uns in Europa Lebenden hätten dann wohl „Glück", dass Gottes „souveräne Launen" uns meistens „nur" in Form von Krankheiten ereilen, manchmal in Form von Unfällen und sehr selten auch in Form eines Erdbebens.

Die Menschen aus den afrikanischen, südamerikanischen und asiatischen Ländern hätte es dann bei Weitem schlechter getroffen, denn anscheinend „gefällt" es dem „überirdischen Despoten", diesen Menschen noch zusätzlich Hunger, Armut, Ausbeutung, Krieg und Verfolgung aufzuerlegen.

Wenn man die Bibel jedoch sorgfältig liest, wird klar, dass Gott ganz und gar kein „überirdischer Despot" ist. Sie erklärt uns, wer Gott wirklich ist und warum es Leid gibt. Außerdem verspricht sie, dass Gott uns einen neuen Himmel und eine neue Erde schenken wird, wo es kein Leid, keinen Tod und kein Geschrei mehr geben wird.

Und sie lädt uns dazu ein, an Jesus zu glauben, und bezeugt, dass wir schon im Hier und Jetzt in einer tiefen, lebendigen Beziehung zu ihm, zum Vater und zum Heiligen Geist leben können. Sie erklärt, wie wir Gott besser kennenlernen und seiner Liebe vertrauen können, auch mitten im Leid.

Auf dieser Seite der Wirklichkeit werden wir uns als Menschen oft ohnmächtig, verzweifelt und allein angesichts von so viel Leid fühlen. Wir können Leid nicht einfach „wegerklären", und unser Weg durchs Leid hindurch kann unsagbar schwer bleiben, trotz mancher Einblicke, die Gott uns in seinem Wort schenkt. Und doch kann uns das, was Gott uns in seinem Wort über Leid sagt, helfen, eine etwas andere Perspektive auf schmerzvolle Erfahrungen zu gewinnen, sodass wir uns nicht mehr ganz so „hilflos ausgeliefert" fühlen, wenn wir schwere Zeiten durchleben.

Da die ungeklärte Frage nach dem Leid und der Liebe Gottes so zentral und wahrscheinlich der triftigste Grund ist, warum Menschen davon abgehalten werden, Gott zu vertrauen, geschweige denn ihn sogar im Leid zu loben, werde ich auf diese Frage im Folgenden noch einmal etwas ausführlicher eingehen.

Dazu werde ich die biblischen Grundlinien zusammenfassen, die uns einen Überblick darüber geben, warum wir in dieser Welt überhaupt mit Krankheit, Sünde und Tod konfrontiert sind und vor allem, warum Christen nicht davon ausgenommen sind, obwohl Jesus ihnen bereits unzerstörbares ewiges Leben geschenkt hat und in der Bibel immer wieder zu lesen ist, dass Gott uns beschützt. Auf der zweiten Frage soll dabei mein Schwerpunkt liegen in der Hoffnung, dass wir in unseren dunkelsten Stunden des Haderns mit Gott Orientierung finden, um ihm weiter zu vertrauen.

Warum gibt es überhaupt so viel Leid in der Welt?

Zunächst einmal muss etwas ganz Grundsätzliches festgehalten werden: Gott hat nie gewollt, dass der Mensch leiden muss. Vielmehr wollte er ihn im Paradies vor allem Bösen bewahren und in liebevoller, enger Gemeinschaft mit ihm leben.

Der Mensch selbst entschied sich *aus freiem Willen*, den Gott ihm geschenkt hatte, dazu, sich von seinem Schöpfer abzuwenden, um Gut und Böse zu erkennen. Nichts anderes geschah, als Adam und Eva vom „Baum der Erkenntnis" aßen, obwohl Gott ihnen in seiner Liebe und Sorge um sie geboten hatte, von diesem Baum nicht zu essen.

Die anschließende Vertreibung aus dem Paradies, was manchem wie eine hartherzige Strafe von Gott erscheint, ist im Grunde genommenen deshalb nur genau das, was sie sich gewünscht hatten: Gut und Böse erkennen zu können.

Da es im Paradies in der heiligen, von Liebe durchtränkten Gegenwart Gottes nur das Gute und Vollkommene gab, lebten sie fortan in einer Welt außerhalb des Paradieses – und „erkannten" so auch das Böse. In seiner Güte schenkt Gott den Menschen aber auch außerhalb des Paradieses unsagbar viel Gutes.

Auch wir leben nicht mehr im Paradies, wo alles gut und vollkommen ist, sondern in einer „gefallenen" Welt, in der die Dinge nicht mehr in ihrer ursprünglichen, guten Schöpfungsordnung sind. Nur deshalb gibt es leidvolle Dinge wie Krankheiten und Naturkatastrophen überhaupt. Diese Dinge gehörten nicht zu Gottes ursprünglichem Plan.

Davon abgesehen ist ein Großteil des Leides, das wir erleben, vom Menschen selbst verursacht. Wir können Gott nicht vorwerfen: „Warum lässt du so viel Leid zu?", wenn der Mensch sich selbst dazu entscheidet, das Böse zu tun und anderen unsagbares Leid zuzufügen. Wir können auch nicht klagen: „Warum hilfst du nicht, Gott?", wenn wir selbst dann nicht dazu bereit sind, den Opfern beizustehen und gegen Ungerechtigkeit, Ausbeutung und Krieg aufzustehen.

Genauso wenig können wir Gott vorwerfen, warum es immer mehr Unwetter und Naturkatastrophen gibt, die Menschen das Leben kosten, wenn die Menschen es selbst sind, die mit ihrem umweltfeindlichen Verhalten die Erderwärmung zu verantworten haben. Es gibt sehr viel Leid auf dieser Welt, für das wir nicht Gott, sondern uns selbst anklagen müssten.

Und auch wenn es unangenehm ist, sich das einzugestehen: In der Welt außerhalb des Paradieses wird *jeder* Mensch schuldig und verursacht damit Leid, weil er ohne die Einheit mit Gott das Böse überhaupt nicht überwinden *kann*. Auch als Christen fügen wir leider anderen Leid zu.

Dies stellen wir immer wieder neu schmerzlich fest. So bringt es schon Paulus im Römerbrief auf den Punkt (Römer 7,18-19): *„Ich weiß wohl, dass in mir nichts Gutes wohnt. Zwar habe ich durchaus den Wunsch, das Gute zu tun, aber es fehlt mir die Kraft dazu. Ich will eigentlich Gutes tun und tue doch das Schlechte; ich verabscheue das Böse, aber ich tue es dennoch."*

Jeder Mensch ist schuldig und wird es immer wieder. Und weil Gott heilig, vollkommen gut und gerecht ist, kann er nicht einfach „Schwamm drüber" sagen. Was wäre das für ein Gott, der angesichts so vieler geschundener und gepeinigter Opfer einfach nur „Vergessen wir's!" sagen würde?

Gott hört nie auf, seine Menschen zu lieben, er wacht über sie, er wirbt um sie, er ermahnt sie, er lässt sie Konsequenzen spüren, wenn sie den Weg, der zum Leben führt, verlassen. Gut bleibt gut und böse bleibt böse. Gott warnt den Menschen und lässt ihm die Wahl. Der Mensch entscheidet sich und trägt dann die Folgen seiner Entscheidungen. Alles vollkommen Gute ist beim Vater des Lichts. Wer sich von ihm abwendet, gerät immer mehr in den Machtbereich der Finsternis – und das möchte Gott verhindern.

Das ganze Alte Testament ist ein Ringen Gottes um die Einsicht seines Volkes, dass nur bei ihm wahres, erfüllendes und beglückendes Leben ist und dass seine Gebote gut sind. Gottes Gebote helfen den Menschen, klarer zu sehen, was genau Gut und was genau Böse ist. Doch der Mensch ließ (und lässt) sich nur selten durch Gottes Geschenke und Güte zur Umkehr bewegen. Als letztes Mittel schickt Gott nach vielen Vorwarnungen in seiner Liebe Gerichte, um den Menschen aufzurütteln, damit sie den Weg des Lebens wählen – doch der Mensch verharrt in seinen eigenen, zerstörerischen Wegen. Da der Mensch seine Schuld gegenüber seinem Schöpfer und seinen Mitmenschen niemals bezahlen kann und vieles nicht mehr gut machen kann, ging Gott selbst in seinem Sohn Jesus Christus für uns ans Kreuz, um unsere Schuld auf sich zu nehmen. Jesus Christus ließ sich für uns richten, damit wir nicht mehr gerichtet werden müssen. Er bietet den Menschen damit an, dieses Gnadengeschenk anzunehmen und zu ihm zurückzukehren, damit sie nach ihrem irdischen Tod in einer neuen Welt ohne Sünde, Schmerz und Leid für immer bei Gott leben können.

Gott *will* und *wird* das Leid in dieser Welt beenden und das Böse bestrafen. Im „Jüngsten Gericht" müssen einmal alle Menschen vor dem Thron Gottes erscheinen und werden nach ihren Werken gerichtet – es sei denn, sie werden im „Buch des Lebens" gefunden, wenn sie die Vergebung und Gnade Gottes durch den Tod und die Auferstehung seines Sohnes Jesus Christus angenommen und ihr Leben in Christus gelebt haben.

Der Mensch entscheidet selbst, ob er dieses Geschenk annehmen will oder nicht. Und Gott ist bereit, dem, der nicht glauben kann, Glauben zu schenken, wenn der Mensch ihn darum bittet. In der Bibel heißt es deutlich, dass wir Gott finden werden, wenn wir ihn mit ganzem Herzen suchen. Diese wunderbare Zusage unseres großen Gottes gilt wirklich für alle Menschen (Jeremia 29,11-14a): *„Denn ich allein weiß, was ich mit euch vorhabe: Ich, der Herr, habe Frieden für euch im Sinn und will euch aus dem Leid befreien. Ich gebe euch wieder Zukunft und Hoffnung. Mein Wort gilt! Wenn ihr dann zu mir ruft, wenn ihr kommt und zu mir betet, will ich euch erhören. Wenn ihr mich sucht, werdet ihr mich finden. Ja, wenn ihr von ganzem Herzen nach mir fragt, will ich mich von euch finden lassen. Das verspreche ich, der Herr."*

Und Jesus sagt in Johannes 12,32 (Lutherbibel): *„Ich aber, wenn ich erst erhöht werde von der Erde, so will ich alle zu mir ziehen."*

Wunderbarerweise ist das ewige Leben nicht nur eine Vertröstung auf das Jenseits, sondern etwas, das für alle, die die Vergebung ihrer Schuld durch Jesu Tod am Kreuz als Geschenk annehmen, schon heute mitten in der gefallenen Schöpfung und im persönlichen Leid anbricht. Ihnen wird durch den Heiligen Geist eine ganz neue innige Beziehung zu Gott geschenkt, sodass sie seine Stimme wahrnehmen können. Was aus eigener Kraft nicht gelingen kann, ist den Glaubenden in der Kraft des Heiligen Geistes möglich: Sünde zu überwinden, das Gute zu tun und Frieden, Freude und Erfüllung in Gott zu finden.

Warum muss ein Christ so viel leiden?

„Ich werde die Menschen läutern wie Silber im Ofen, wie Gold im Feuer. Sie werden zu mir um Hilfe rufen, und ich werde sie erhören! Dann sage ich zu ihnen: ‚Ihr seid mein Volk!', und sie antworten: ‚Du, Herr, bist unser Gott!'" (Sacharja 13,9).

Warum muss auch ein Christ oft unerträglich leiden, der doch in enger Verbundenheit mit Gott lebt und seine ganze Hoffnung auf ihn setzt? Warum beschützt Gott ihn nicht und bewahrt ihn vor Leid? Wie können diese beiden Realitäten, dass ich Leid erfahre und zugleich Jesus mit seiner Liebe und Allmacht an meiner Seite weiß, miteinander vereinbart werden? Oder zugespitzt: Warum mutet Gott seinen Kindern so viele schwere Stunden zu?

Als junger Christ war ich überwältigt, nachdem ich eine tiefe Begegnung mit Jesus hatte und dadurch begriff, dass er *wirklich* lebendig und mir *wirklich* nahe ist. Von diesem Moment an war mir klar, dass dieser lebendige Gott selbstverständlich auch über jedes Wort wachen konnte, das wir in der Bibel als *sein* Wort lesen. Also las ich die Bibel mit Begeisterung und war bereit, jedes Wort darin zu glauben.

Ich lernte viele Bibelworte auswendig und nahm sie als persönliche Versprechen – zum Beispiel, dass Jesus mein guter Hirte ist, der mich vor dem Bösen beschützt. Nach meiner Bekehrung war ich sicher, dass nun alles für immer gut sein würde. Ich war einfach nur glücklich! Jesus war schließlich mein König, der am Kreuz von Golgatha über Satan gesiegt hatte.

Heute weiß ich, dass ich die Bibel sehr selektiv aufgenommen und nur meine Lieblingsstellen auswendig gelernt hatte. Stellen über Leid und Prüfungen waren in der Anfangsphase meines Glaubens nicht wirklich in mein Bewusstsein getreten.

Ich halte die Bibel mehr denn je für Gottes Wort und ihre Inhalte für absolut vertrauenswürdig. Sie erklärt uns so viel über unsere irdische, vergängliche Welt und über Gottes Herrlichkeit. Das Neue Testament sagt uns eine ganze Menge darüber, warum wir auch als Christen noch durch viel Leid gehen müssen, obwohl Jesus uns erlöst hat.

1. Jesus Christus ist der Sieger von Golgatha. Er hat über jede Situation in unserem Leben gesiegt. Sein Versprechen,

uns vor dem Bösen zu bewahren, gilt. Er meint damit jedoch nicht, dass wir nichts „Böses" mehr erleben werden und dass es keine schweren Stunden mehr für uns gibt, sondern dass er uns vor dem Bösen, vor Satan, bewahrt.

Er verspricht, dass uns niemand aus seiner Hand reißen kann (vgl. Johannes 10,28). Was ich als junger Christ geglaubt hatte, ist also immer noch zutreffend: Jesus ist der Sieger von Golgatha und insofern ist wirklich „alles gut" – in Hinblick auf meine Seele und ihr ewiges Heil.

Es ist gut, dies fest im Blick zu behalten. Aber selbst mein absoluter Lieblingspsalm, der Psalm 23, weist auf einige andere Wahrheiten hin bezüglich der Verhältnisse, in denen wir auf dieser Welt leben. Auch wenn ich diese Passagen als junge Christin nicht besonders beachtet hatte. Leuchtend gelb markiert waren die Verse über den „guten Hirten", die „grünen Auen", die „frischen Wasser" und den „gedeckten Tisch". Nicht markiert und offensichtlich komplett ausgeblendet hatte ich „das finstere Tal" und die Formulierung, dass der Tisch „vor meinen Feinden" gedeckt wird, die sich demzufolge ganz in der Nähe befinden müssen.

Jesus *ist* unser guter Hirte, der uns auf grünen Auen weidet *und* der uns durch finstere Täler führt. Er deckt uns einen Tisch – *in Anwesenheit unserer Feinde*. Mitten im Leid ist er bei uns und stärkt uns. Wir brauchen uns vor keinem Unglück zu fürchten, denn unser guter Hirte ist bei uns und hilft uns da hindurch.

Im Neuen Testament verspricht Jesus uns, dass er durch seinen Heiligen Geist jeden einzelnen Tag bei uns ist sein wird, bis an das Ende der Welt (vgl. Matthäus 28,20).

2. Wir müssen akzeptieren, dass wir auch als Christen in einer „gefallenen" Welt leben.

Gottes Reich und seine Herrschaft sind angebrochen und mitten unter uns. Wir erleben Wunder und Heilungen, Gefangene verkünden im Gefängnis die Frohe Botschaft und können unversehrt in die Freiheit zurückkehren, viele Muslime finden in unseren Tagen zum Glauben. Wir leben in einer Zeit, in der Christen sich danach ausstrecken, die Vollmacht, die Jesus ihnen mit seinem Heiligen Geist gegeben hat, neu zu entdecken, bewusst zu empfangen und anzuwenden. Zugleich aber werden viele Christen verfolgt und zu Tode gefoltert. Menschen sterben trotz vieler Gebete an Krebs und Tausende verhungern.

Gott ist dabei, seine Herrschaft aufzurichten, und wir dürfen neues Land für ihn einnehmen, aber Jesus ist noch nicht wiedergekommen. Der neue Himmel und die neue Erde, wie sie in Offenbarung 21 beschrieben werden, sind noch nicht da. Bis dahin liegt die alte Welt im Kampf zwischen Gut und Böse. Der Kampf ist schon gewonnen, denn Jesus hat am Kreuz von Golgatha bereits gesiegt.

Nun ist es der Auftrag seiner Jünger, diesen Sieg allen Menschen bis in die letzten Winkel der Erde zu verkünden und ihn auch selbst zu leben! Aber bis Jesus sichtbar wiederkommt, wird Satan alles versuchen, um Menschen daran zu hindern, an Jesus zu glauben. Und er versucht, durch Krankheit, Leid, Verfolgung und Tod Christen dazu zu bringen, sich wieder von Jesus abzuwenden. Bis zum Schluss wird er versuchen, unser Bild vom liebevollen Angesicht Gottes zu verzerren und uns mit Ängsten, Zweifeln und seelischen Nöten zu plagen, damit wir nicht länger an Gottes Güte festhalten.

3. Jesus selbst sagt in der Bibel voraus, dass seine Jünger in dieser Welt leiden werden, auch wenn sie ihn über alles lieben oder besser gesagt gerade weil sie ihn über alles lieben und ihm nachfolgen. Aber er lässt sie im Leid nicht allein.
In Johannes 15,18-16,3 sagt Jesus:
„Wenn die Menschen euch hassen, dann vergesst nicht, dass

man mich schon vor euch gehasst hat. Diese Welt würde euch lieben, wenn ihr zu ihr gehören würdet. Doch ihr gehört nicht mehr dazu. Ich selbst habe euch erwählt und aus der Welt herausgerufen. Darum hasst sie euch. Erinnert euch daran, dass ich gesagt habe: ‚Ein Diener steht niemals höher als sein Herr!‘ Deshalb werden sie euch verfolgen, wie sie mich verfolgt haben. Und wenn sie auf meine Worte gehört haben, werden sie auch auf eure hören. Das alles wird mit euch geschehen, weil ihr euch zu mir bekennt; denn die Welt kennt Gott nicht, der mich gesandt hat.

[…] Ich sage euch das alles, damit ihr nicht an mir zu zweifeln beginnt und aufgebt. Denn man wird euch aus der Gemeinschaft des jüdischen Volkes ausschließen. Ja, es wird so weit kommen, dass man meint, Gott einen Dienst zu erweisen, wenn man euch tötet. Zu all dem werden Menschen fähig sein, weil sie meinen Vater und mich nicht kennen."

An einer anderen Stelle macht Jesus außerdem deutlich, dass Satan versucht, den Glauben an Gott zu zerstören. In Lukas 22,31-32 sagt er zu Petrus gewandt: „Simon, Simon, pass auf! Der Satan ist hinter euch her, und Gott hat ihm erlaubt, die Spreu vom Weizen zu trennen. Aber ich habe für dich gebetet, dass du den Glauben nicht verlierst. Wenn du dann zu mir zurückgekehrt bist, so stärke den Glauben deiner Brüder."

Aus diesen Worten wird deutlich, dass Leiderfahrungen als Christ den Worten Jesu nicht widersprechen – im Gegenteil: Sie gehören dazu. Und trotzdem ist Jesus bei uns und lässt uns nicht allein – auch wenn Satan uns das immer wieder glauben machen will. Jesus hat im Voraus gebetet, dass Petrus' Glaube nicht aufhört, und so betet er auch für unseren Glauben.

Außerdem schickt er seinen Jüngern als Tröster und Beistand den Heiligen Geist (vgl. Johannes 16,7-15), der ihnen in ihren schwersten Stunden helfen wird, das Richtige zu sagen oder zu tun – selbst unter Verfolgung. Wenn seine Jünger ausgeliefert werden und vor Gericht Rede und Antwort stehen müssen, sollen sie sich nicht sorgen, was oder wie sie reden sollen, denn der Heilige Geist selbst wird es ihnen eingeben (vgl. Matthäus 10,19-20).

In der Apostelgeschichte finden wir Beispiele dafür: In seiner schwersten Stunde, kurz bevor Stephanus für seinen Glauben an Jesus Christus und seine Verkündigung des Evangeliums zu Tode gesteinigt wird, lässt der Heilige Geist Stephanus den Himmel offen sehen (Apostelgeschichte 7,55-56): *„Stephanus aber blickte, erfüllt vom Heiligen Geist, fest zum Himmel auf und sah dort Gott in seiner Herrlichkeit und Jesus an seiner rechten Seite. ,Ich sehe den Himmel offen‘, rief Stephanus, ,und Jesus, den Menschensohn, auf dem Ehrenplatz an Gottes rechter Seite stehen!‘"*

Paulus wird durch den Heiligen Geist auf Gefangenschaft und Bedrängnisse vorbereitet, wie er selbst den Ältesten von Ephesus bezeugt (Apostelgeschichte 20,22-24; Lutherbibel):

„Und nun siehe, durch den Geist gebunden, fahre ich nach Jerusalem und weiß nicht, was mir dort begegnen wird, nur dass der Heilige Geist mir in allen Städten bezeugt, dass Fesseln und Bedrängnisse auf mich warten. Aber ich achte mein Leben nicht der Rede wert, wenn ich nur meinen Lauf vollende und das Amt ausrichte, das ich von dem Herrn Jesus empfangen habe, zu bezeugen das Evangelium von der Gnade Gottes."

Paulus sieht sich nicht als einen Gefangenen von Menschen, sondern als jemanden, der ganz und gar an den Heiligen Geist gebunden ist und dorthin geht, wohin ihn der Geist führt.

Nur scheinbar haben Menschen Macht über uns. Für Paulus werden Gefangenschaft und Bedrängnisse nicht zu einem Hindernis, an Gott zu glauben, er verkündigt weiter unbeirrt die Gnade Gottes. Was er in dieser Welt erleidet, hält ihn nicht davon ab, Gott zu vertrauen.

4. Gott gibt seinen Kindern eine geistliche „Waffenrüstung", mit der sie in Zeiten von Anfechtung bestehen können.

Paulus gibt den Christen damals und uns heute Einblick, in welchem Kampf wir stehen und wie wir diesen Kampf bestehen können:

„Werdet stark, weil ihr mit dem Herrn verbunden seid! Lasst euch mit seiner Macht und Stärke erfüllen! Greift zu all den Waffen, die Gott für euch bereithält, zieht seine Rüstung an! Dann könnt ihr alle heimtückischen Anschläge des Teufels abwehren. Denn wir kämpfen nicht gegen Menschen, sondern gegen Mächte und Gewalten des Bösen, die über diese gottlose Welt herrschen und im Unsichtbaren ihr unheilvolles Wesen treiben.

Darum nehmt all die Waffen, die Gott euch gibt! Nur gut gerüstet könnt ihr den Mächten des Bösen widerstehen, wenn es zum Kampf kommt. Nur so könnt ihr das Feld behaupten und den Sieg erringen. Bleibt standhaft! Die Wahrheit ist euer Gürtel und Gerechtigkeit euer Brustpanzer. Macht euch bereit, die rettende Botschaft zu verkünden, dass Gott Frieden mit uns geschlossen hat. Verteidigt euch mit dem Schild des Glaubens, an dem die Brandpfeile des Teufels wirkungslos abprallen. Die Gewissheit, dass euch Jesus Christus gerettet hat, ist euer Helm, der euch schützt.

Und nehmt das Wort Gottes. Es ist das Schwert, das euch sein Geist gibt. Hört nie auf zu beten und zu bitten! Lasst euch dabei vom Heiligen Geist leiten. Bleibt wach und bereit. Bittet Gott inständig für alle Christen" (Epheser 6,10-18).

Satan schafft es immer wieder, uns einzureden, Gott wolle uns Böses, er beschütze uns nicht, er liebe uns nicht, er kümmere sich nicht. In Wirklichkeit ist Satan der Böse, während Gott uns eine ganze Waffenrüstung zur Verfügung stellt! Was würde wohl passieren, wenn wir diese Waffenrüstung konsequent anlegen und gemeinsam im Gebet „am bösen Tag" füreinander einstehen würden? Wenn wir nicht mit Gott hadern, sondern an der

Wahrheit über ihn festhalten würden: dass er uns so sehr liebt, dass er für uns in den Tod gegangen ist und dass er uns auch mitten im Leid festhält, uns durch viele schlimme Situationen durchbringt und wir wieder aufstehen werden, bis wir durch seine Gnade im Himmel ankommen.

Gott ist nicht unser Feind! Statt mit Gott zu hadern, sollten wir mit Gebetsbeistand von anderen Christen unseren eigentlichen Feind bekämpfen und nicht zulassen, dass sich seine Lügen über Gott in unserem Kopf und Herzen breitmachen dürfen. Lasst uns am bösen Tag feststehen und das Feld behalten!

5. Gott stellt uns im Leid die Vertrauensfrage.

Warum lässt Gott zu, dass Satan uns so zusetzen darf und viele von uns bis an ihre Grenze kommen, sodass sogar unser Glaube an Gott und seine Liebe in Gefahr ist? Ich vermute, dass Satan wie schon bei Hiob behauptet, dass wir Gott nur lieben würden, solange es uns gut gehe und Gott uns mit Gutem überschütte. Andernfalls würden wir Gott „ins Angesicht absagen" (vgl. Hiob 1,9-11 + 2,4-5).

Hiob hat nicht gesündigt, er war vorbildlich in seinem Glauben und in allem, was er tat. Trotzdem trifft ihn ungeheures Leid. Seine Freunde halten dies für die Folge einer nicht vor Gott bekannten Schuld. Dabei hatte Hiob wirklich nichts verkehrt gemacht. Auch wir brauchen uns nicht zu zermartern mit der Suche nach Sünde und Schuld, wenn uns Leid trifft, das wir einfach nicht einordnen können.

Es ist sicherlich gut, Gott zu fragen, ob er uns durch das Leid tatsächlich auf etwas hinweisen will, was wir bekennen sollten, aber wenn Gott uns nichts aufzeigt, befinden wir uns vermutlich in einer „Hiob-Situation": Satan behauptet, wir würden Gott nur um unserer Vorteile willen lieben. Erst wenn wir auch im Leid an Gott festhalten, wissen wir, dass wir ihn um seiner selbst willen lieben. Erst im Leid wissen wir, ob wir nur zu der jubelnden Menschenmenge gehören, die „Hosanna!" ruft, wenn Jesus in Jerusalem einreitet, oder ob wir auch im Leid noch unter seinem Kreuz stehen und ihn als Gottes Sohn anbeten.

Gott stellt uns im Leid die Vertrauensfrage. Ich muss mich entscheiden, welcher Stimme ich glaube: Der Stimme des Versuchers, der hämisch flüstert: „Wo ist nun dein Gott?" Oder der Stimme meines Herrn, der mir sagt: „Ich liebe dich so sehr, dass ich für dich in den Tod gegangen bin. Vertrau mir auch in deinem größten Schmerz. Ich werde dich durchtragen, wie ich es dir versprochen habe. Ich ziehe dich noch näher an mein Herz und möchte dir mehr von mir offenbaren."

Wem will ich glauben, wenn meine Lieben in lebensbedrohliche Situationen kommen, wenn Krankheit zum Tod führt oder ich selbst eine schwere Krankheit erleide? Werde ich die Stimmen überhandnehmen lassen, die in meinem Kopf behaupten: „Gott hat dich vergessen!"; „Gott bestraft dich!"; „Vielleicht meint Gott es doch nicht gut mit dir – oder es gibt ihn gar nicht!"; „Ein so früher Tod! Wie viel Schönes hätte er noch erleben können! Er hat gar nichts von seinem Leben gehabt!"?

Oder werde ich Jesus mein ganzes Vertrauen schenken, der mir verspricht: „Ich bin bei dir und passe auf dich auf. Ich gehe mit deinen Lieben durch das Tal von Krankheit und Tod, um sie ganz in meine herrliche Gegenwart zu führen. Ich werde bei dir sein, jetzt und jeden einzelnen Tag und bei deinem eigenen Übergang von dieser Welt in meine Herrlichkeit. Jedes Leid ist endlich. Ich selbst bin die Auferstehung und das Leben. Wer mir vertraut, wird niemals sterben. Euer Leben hier ist nur der Auftakt, das eigentliche Leben liegt erst noch vor euch! Ihr verpasst nichts und versäumt nichts, wenn ihr bei mir angekommen seid – ganz im Gegenteil! Ihr werdet euch nie mehr in euer vergangenes Leben zurückwünschen. Meine Herrlichkeit übertrifft alles. Und sorge dich nicht um die, die du zurücklässt. Denn *ich* sorge für sie. Weine nicht um die, die vor dir bei mir angekommen sind, weil du, wie du meinst, nie mehr mit ihnen reden könntest. Du lebst jeden Tag auf ein großes Wiedersehen zu!"

Und wenn ich diese Stimme im Leid nicht mehr hören kann? Ich bin mir sicher, dass wir jeden Tag neu eine *Entscheidung* treffen können und treffen müssen – manchmal von Stunde zu Stunde –, wem wir zuhören und was wir glauben wollen: Den eigenen kreisenden Gedanken, in die sich Satan mit seinen Anklagen gegen Gott schleicht, oder dem, was ich bisher über Gott erfahren, mit ihm erlebt und in seinem Wort gelesen habe. Gottes Wort und seine Wahrheit sind Teile der göttlichen Waffenrüstung – nutzen wir sie!

6. Leid lässt uns den König selbst suchen.
Das klingt zunächst paradox, weil uns Leid so oft von Gott wegzuziehen scheint. Aber wären Christen vom Leid ausgeschlossen, würde es massenhaft „Mitläufer" geben, die nur zu Jesus gehören wollen, weil sie mit ihm ein unbeschwertes Leben hätten. Sie wären lediglich auf die Vorteile der Nachfolge aus: die „Lebensversicherung", die „Gesundheitsgarantie" und den „Spaßfaktor". Der Geber dieser Vorteile wäre zweitrangig.

Bildlich gesprochen könnte man auf diese Weise eine große Party im königlichen Schloss feiern, indem man am Eingangstor ein Lippenbekenntnis abgibt, ohne im Schloss dann jemals den König aufzusuchen. Aber Gott geht es um eine lebendige Beziehung zu uns, eine tiefe Verbindung, in der wir uns immer mehr eins mit seinem Willen und seinem Wesen machen. Seine Geschenke und Segnungen sind wunderschöne Zugaben, aber ich brauche sie nicht. Sie verblassen, wenn ich dem Geber aller Gaben selbst begegne, wenn ich die Party im Schloss hinter mir lasse und im Garten den König selbst suche.

Strahlend und in alles übertreffender Schönheit begegnet er mir, voller Liebe und Barmherzigkeit. So überwältigend ist sein Wesen, dass ich in seiner Gegenwart alle Geschenke vergesse. Ich kann meinen Blick nicht von ihm wenden und möchte einfach nur in seiner Nähe bleiben. *„Herr, wenn ich nur dich habe, bedeuten Himmel und Erde mir nichts"* (Psalm 73,25), formuliert es Asaf. Gott weiß, dass uns seine Geschenke zwar glücklich machen, aber dass uns nichts so erfüllen und glücklich machen kann, wie seine göttliche Liebe, *ihn selbst*, zu empfangen.

Ein Geschenk ist nur ein kleines Zeichen für ein viel tieferes Geschehen zwischen zwei Liebenden. Selbst der kostbarste Diamant ist nichts im Vergleich zu dem Glück, das mir die Gegenwart des Geliebten schenkt. Manchmal müssen wir beschämt feststellen, dass sich unsere Wünsche, Gedanken und Gebete viel mehr um die Geschenke drehen als um den König des Himmels und der Erde selbst. Er scheint uns nicht genug zu sein.

Gott weiß, dass wir am glücklichsten sind, wenn wir seine Liebe unabhängig von unseren Umständen erkennen und ihn aus ganzem Herzen, aus tiefster Seele und mit all unserem Verstand zu lieben beginnen – für das, was er ist und nicht für das, was er uns gibt. Um seiner großen Liebe willen möchte Gott uns nicht auf der „Kleinkindebene des Glaubens" stehen bleiben lassen, auf der wir nur lieben, weil wir etwas „bekommen". Er will uns in eine tiefe, alles erfüllende Beziehung zu ihm führen, die alle Zeiten überdauert und jeden Rahmen irdischen Glücks sprengt, weil wir uns mit dem „Ewigen" verbinden.

Gott wünscht sich, dass wir sein *Wesen* erkennen, anstatt nur die Geschenke vor Augen zu haben. Mein irdischer Vater hat nicht sehr lange gelebt, aber Gott sei Dank lange genug, dass ich den Unterschied erfahren konnte, wie es ist, ihn nur mit Kinderaugen als Versorger und liebevollen Beschützer wahrzunehmen oder sich als „erwachsen gewordenes Kind" für ihn selbst, seine

Geschichte, seine Erfahrungen, seine Hoffnungen, seine Wünsche und Gefühle zu interessieren.

Seine Sicht der Dinge, seine Gedanken über das Leben wurden für mich immer wertvoller, nachdem ich die „Bitte-schenke-mir-noch-ein-Kinderüberraschungsei"-Phase hinter mir gelassen hatte. Gott ist nicht nur unser Vater, Gott ist das höchste, wundervollste Wesen und der Schöpfer des ganzen Universums. Es gibt so viel über ihn selbst zu entdecken, wenn wir uns nicht mehr um unsere eigene kleine Person und unsere Wünsche drehen und ihn um seiner selbst willen aufsuchen.

Auch die Schöpfung, die sichtbare Welt, offenbart viel von Gottes Wesen und wir dürfen sie voll und ganz genießen. Wenn wir aber zu sehr auf die sichtbaren Geschenke fixiert sind, erinnert uns Gott manchmal durch Leid daran, dass es einen viel weiteren Horizont und eine viel größere Bestimmung für uns gibt: dass wir für die Ewigkeit mit Gott geschaffen sind.

Durch Leid können wir aufgerüttelt werden, unser Glück nicht in einem gut gehenden Unternehmen, in Beförderung, Anerkennung, Gesundheit, Reisen, Sport, Besitz, dem Partner oder den eigenen Kindern zu suchen – und auch nicht in unserem Dienst für Gott. All dies kann zum Zentrum unseres ganzen Strebens und damit zum Götzen werden. Gott lässt das Leid dann nicht etwa zu, weil er „beleidigt" ist, wenn wir an ihm vorbeileben, sondern weil er uns damit die Augen öffnen will für das, was wir wirklich brauchen, um in Ewigkeit glücklich zu sein: bei ihm zu sein, *in* ihm zu sein. Nur in ihm ist vollkommene Liebe, Rettung und ewiges Leben.

Wir sind heutzutage unglaublich beschäftigt, vielleicht mehr denn je. Wir lieben Gott, aber wir lieben ihn flüchtig. Durch eine Leiderfahrung kann Gott manchmal ein riesiges Stoppschild vor unsere Nase setzen. Wenn unsere Welt wie ein Kartenhaus zusammenfällt, müssen wir uns neu orientieren und uns mit unbequemen Fragen auseinandersetzen: Welchen Lügen über mich und mein Leben habe ich vielleicht geglaubt? Was glaubte ich, „unbedingt" zu meinem Glück haben zu müssen? Was meinte ich, noch unbedingt tun zu müssen? Wo hielt ich mich für unverzichtbar? Worüber habe ich mich definiert und was bin ich noch „wert", wenn ich krank bin oder von meinem Partner verlassen wurde? Warum fühle ich mich „wertlos", obwohl ich vom Kopf her doch weiß, dass Gott mich liebt?

So oft *weiß* ich die theologisch korrekte Antwort; aber *glaube* ich auch *wirklich*, dass Gott mich liebt? Wie gut kenne ich ihn überhaupt? Und vertraue ich ihm *wirklich* – auch im Leid? Wie könnte ich ihn vielleicht noch besser kennenlernen und ihm noch mehr vertrauen? Wie kann unsere Beziehung so tief werden, dass er allein mir „alles bedeutet", wie wir so gern singen?

Leid kann ein Mittel sein, das Gott gebraucht, damit wir uns diese Fragen stellen. Schwere Zeiten fordern uns heraus, zum König selbst zu kommen und viel Zeit bei ihm zu verbringen.

7. Leid trennt uns nicht von der Liebe Gottes, sondern wir überwinden weit durch den, der uns geliebt hat.
Paulus hat gelernt, auch im größten Leid seinem Herrn zu vertrauen. Er findet Worte im Heiligen Geist, die uns alle aus Verzweiflung und Trauer erheben:

„Wer will uns scheiden von der Liebe Gottes? Trübsal oder Angst oder Verfolgung oder Hunger oder Entbehrung oder Gefahr oder Schwert? Wie geschrieben steht (Psalm 44,23): ‚Um deinetwillen werden wir getötet den ganzen Tag; wir sind geachtet wie Schlachtschafe.' Aber in dem allen überwinden wir weit durch den, der uns geliebt hat. Denn ich bin gewiss, dass weder Tod noch Leben, weder Engel noch Mächte noch Gewalten, weder Gegenwärtiges noch Zukünftiges, weder Hohes noch Tiefes noch irgend-

ein Geschöpf uns scheiden kann von der Liebe Gottes, die in Christus Jesus ist, unserm Herrn" (Römer 8,35-39; Lutherbibel).

Wir können wie Paulus lernen, auch im Leid an Gott festzuhalten, ihn anzubeten und mit der Kraft des Heiligen Geistes durchzuhalten. Wie Paulus können wir durch die feste Verbindung zu unserem Herrn – in guten wie in schlechten Tagen! – lernen, die Dinge aus der „Ewigkeitsperspektive" wahrzunehmen. Dann ist selbst der Tod keine Katastrophe mehr, weder für mich noch für meine Lieben, um die ich trauere, sondern im wahrsten Sinne des Wortes ein „Heimgehen" zu Gott. Der Himmel ist ein realer Ort. Die Tochter einer Freundin erklärte ihrem kleinen Bruder den Vorgang des Sterbens so: „Sterben ist wie Umziehen. Nur ohne Gepäck." Paulus drückt es so aus (Philipper 1,21): *„Denn Christus ist mein Leben und das Sterben für mich nur Gewinn."*

8. Gott schafft mit der Versuchung auch ihr Ende.

Viele Situationen sind leidvoll und schwer. Aber Gott gibt uns in seinem Wort durch die Worte von Paulus ein Versprechen: *„Darum, wer meint, er stehe, soll zusehen, dass er nicht falle. Bisher hat euch nur menschliche Versuchung getroffen. Aber Gott ist treu, der euch nicht versuchen lässt über eure Kraft, sondern macht, dass die Versuchung so ein Ende nimmt, dass ihr's ertragen könnt"* (1. Korinther 10,12-13).

Wieder kann ich mich entscheiden: Will ich mir selbst tausendmal zuhören, dass ich nicht weiß, wie ich das alles noch aushalten soll, dass alles nur in einer Katastrophe enden und nie mehr gut werden kann? Oder will ich mich – so gut ich kann – von diesen Gedanken trennen und Gott dafür danken, dass er hält, was er verspricht: dass er bei mir ist im Leid und mit der Versuchung auch ihr Ende schafft; dass er mich *nicht* über meine Kraft versuchen lässt!

Von negativen Gedanken kann ich mich trennen, indem ich

sie ganz bewusst unter dem Kreuz von Golgatha ablege. Im Gebet suche ich dieses Kreuz als einen geistig-realen Ort auf und lege alle meine Verzweiflung, meine Angst und auch meine Anklagen sowie die Lügen Satans über Gott ab. Ich bitte für die Anklagen und Lügen, denen ich geglaubt habe, um Vergebung. Dann bitte ich Gott, mich mit seiner Wahrheit neu zu erfüllen, und bitte den Heiligen Geist, Raum in mir und meinen Gedanken einzunehmen.

Ich halte an den Wahrheiten über Gott fest, indem ich Bibelverse, die mir in meiner Situation Gottes Zusagen geben, laut proklamiere und – wenn ich so weit gehen möchte – Gott laut dafür preise. Das ist das, was ich als Mensch tun kann. Die Befreiung von Angst und Verzweiflung vollzieht Gott dann durch seinen Heiligen Geist.

Ich werde wieder seinen Frieden in meinem Herzen spüren – vielleicht nicht sofort, aber nach und nach, wenn ich bereit bin, die Lügen in meinem Kopf über Gott konsequent zurückzuweisen. Jemand, der Gott noch nicht begegnet ist, würde jetzt vielleicht sagen: „Das ist doch nur an mir selbst vollzogene Gehirnwäsche. Das ist nichts anderes, als wenn ich ‚positiv denke'!"

Doch jemand, der Jesus kennt, kann deutlich spüren, wann er selbst (oft vergeblich) gegen Angst und Verzweiflung ankämpft und wann der Heilige Geist ihm im Kampf zu Hilfe kommt. Jemand, der glaubt, kennt den Unterschied zwischen der positiven Selbstberuhigung „Wird schon!" und dem übernatürlichen Frieden im Herzen, selbst wenn die äußeren Umstände nach menschlichen Maßstäben schlimmer werden.

9. Gott sorgt dafür, dass alles Leid uns zum Besten dienen muss.

Gott gibt uns durch Paulus eine weitere wunderbare Zusage mitten im Leid:

„Wir wissen aber, dass denen, die Gott lieben, alle Dinge zum Besten dienen, denen, die nach seinem Ratschluss berufen sind" (Römer 8,28; Lutherbibel).

Was für eine Aussage! *Alle* Dinge müssen uns zum Besten dienen (oder nach einer anderen Übersetzung: „zum Guten mitwirken") – nicht nur einige wenige, nicht der größere Teil, sondern *alle* Dinge. Wenn Gott zulässt, dass Satan uns auf die Probe stellt, dann nur, weil er uns etwas schenken will. Und schon will unser Herz schreien: „So fühlt sich das aber beim besten Willen nicht an! Dieses Leid *kann* nicht für irgendetwas gut sein! Als ob man Leid so leicht wegwischen könnte! Es ist monatelang und jahrelang nicht gut! Vielleicht wird es nie mehr gut!"

Paulus will aber unser Leid nicht wegwischen, dazu hat er selbst zu viel durchgemacht. Er gibt uns weiter, wie er Gott *im Leid* erlebt hat, und ermutigt uns: Bleibt dran! Vertraut Gott! Es lohnt sich! Gott hat alles im Blick! Gott wird alles herrlich hinausführen. *Alles* muss uns zum Besten dienen, weil er nur das Beste für uns will. Vertraut der Liebe Gottes und seinen Plänen für euch, auch wenn es jetzt schon sehr lange schwer ist.

Vertrauen wir Gott, so gut wir können. Vertrauen wir Gott, auch wenn viele Jahre schwer sind. Wie Josef werden wir im Rückblick sagen: *„Gott hat mich wachsen lassen im Lande meines Elends"* (1. Mose 41,52; Lutherbibel).

Wir erleiden Anfechtung, weil Satan will, dass wir uns von Gott abwenden. Aber das ist nur die eine Seite der Medaille. Gott lässt die Anfechtung zu, weil er weiß, dass unser Glaube nach überstandener Anfechtung umso tiefer wird:

„Ihr werdet ja aus Gottes Macht durch den Glauben für das Heil bewahrt, das am Ende der Zeit offenbart werden soll. Dann werdet ihr jubeln, nachdem ihr jetzt kurze Zeit, wenn es sein muss, mancherlei Anfechtung zu erleiden habt, damit euer Glaube sich

als echt und noch wertvoller erweist als das vergängliche Gold,
das durchs Feuer geläutert wird, und euch zu Lob, Preis und Ehre
gereicht, wenn Jesus Christus offenbart wird" (Petrus 1,5-7).

Ganz ähnlich formuliert Jakobus: *„Liebe Brüder und Schwestern! Betrachtet es als besonderen Grund zur Freude, wenn euer Glaube immer wieder hart auf die Probe gestellt wird. Ihr wisst doch, dass er durch solche Bewährungsproben fest und unerschütterlich wird. Diese Standhaftigkeit soll in eurem ganzen Leben ihre Wirkung entfalten, damit ihr in jeder Beziehung zu reifen und tadellosen Christen werdet, denen es an nichts mehr fehlt"* (Jakobus 1,2-4). Und in Jakobus 1,12 fügt er hinzu: *„Glücklich ist, wer die Bewährungsproben besteht und im Glauben festbleibt. Gott wird ihn mit dem Siegeskranz, dem ewigen Leben, krönen. Das hat er allen versprochen, die ihn lieben."*

Paulus erzählt von einer schweren Anfechtung durch den „Engel des Satans", der ihn „mit Fäusten schlagen soll", damit er sich wegen der Offenbarungen nicht überhebe (vgl. 2. Korinther 12,7). Er fleht dreimal zu Gott, dass er von ihm ablassen möge, erhält aber als Antwort: *„Lass dir an meiner Gnade genügen; denn meine Kraft ist in den Schwachen mächtig"* (2. Korinther 12,9). So gewinnt er eine tiefe neue Erkenntnis über ein Prinzip in Gottes Reich, das nach den Maßstäben dieser Welt völlig paradox zu sein scheint; Paulus beschreibt diese Erkenntnis so:

„Lass dir an meiner Gnade genügen; denn meine Kraft vollendet sich in der Schwachheit. Darum will ich mich am allerliebsten rühmen meiner Schwachheit, auf dass die Kraft Christi bei mir wohne. Darum bin ich guten Mutes in Schwachheit, in Misshandlungen, in Nöten, in Verfolgungen und Ängsten um Christi willen; denn wenn ich schwach bin, so bin ich stark" (2. Korinther 12,9-10).

Im Leid fühlt es sich selten so an, aber im Rückblick können viele Christen bezeugen, dass sie Gott danach mehr vertrauen als je zuvor.

10. Gott „erzieht" uns mit Liebe und Sorgfalt im Hinblick auf die Ewigkeit. Dieser Prozess wird von uns oft als schmerzvoll erlebt, weil wir meist von klein auf völlig verzerrte Vorstellungen darüber aufgenommen haben, was wir vermeintlich zu unserem „Glück" brauchen.

Im Hebräerbrief heißt es selbst über Jesus und sein Leiden am Kreuz: *„Dennoch musste auch Jesus, der Sohn Gottes, durch sein Leiden Gehorsam lernen"* (Hebräer 5,8). Petrus schreibt: *„Weil Christus als Mensch gelitten hat, sollt ihr euch dieselbe Haltung wie er zu eigen machen. Wer nämlich körperlich leiden musste, weil er zu Christus gehört, über den verliert die Sünde ihre Macht. Er wird sich, solange er noch auf der Erde lebt, nicht mehr von menschlichen Leidenschaften, sondern von Gottes Willen leiten lassen"* (1. Petrus 4,1-2).

Die Bibel spricht ganz klar davon, dass wir, gerade weil wir Söhne und Töchter des Höchsten sind, zu unserer „Erziehung" leiden müssen. Im Kapitel „Zwischen Lobpreis und Klage" bin ich schon einmal auf Hebräer 12 eingegangen:

„Bis jetzt hat euch der Kampf gegen die Sünde noch nicht das Letzte abverlangt, es ging noch nicht um Leben und Tod. Trotzdem werdet ihr schon mutlos. Ihr habt wohl vergessen, was Gott euch als seinen Kindern sagt: ‚Mein Sohn, wenn der Herr dich zurechtweist, dann sei nicht entrüstet, sondern nimm es an, denn darin zeigt sich seine Liebe. Wie ein Vater seinen Sohn erzieht, den er liebt, so erzieht der Herr jeden mit Strenge, den er als sein Kind annimmt.'

Wenn ihr also leiden müsst, dann will Gott euch erziehen. Er behandelt euch als seine Kinder. Welcher Sohn wird von seinem Vater nicht erzogen und dabei auch einmal streng bestraft? Viel schlimmer wäre es, wenn Gott euch gar nicht erziehen würde. Dann nämlich wärt ihr gar nicht seine rechtmäßigen Kinder.

Außerdem: Haben wir nicht unsere leiblichen Väter geachtet, die uns auch gestraft haben? Wie viel mehr müssten wir dann die Erziehung unseres göttlichen Vaters annehmen, der uns ja auf das ewige Leben vorbereitet. Unsere leiblichen Väter haben uns eine bestimmte Zeit nach bestem Wissen und Gewissen erzogen. Gott aber weiß wirklich, was zu unserem Besten dient. Denn wir sind seine Kinder und sollen ganz zu ihm gehören. Natürlich freut sich niemand darüber, wenn er gestraft wird; denn Strafe tut weh. Aber später zeigt sich, wozu das alles gut war. Wer nämlich auf diese Weise Ausdauer gelernt hat, der tut, was Gott gefällt, und ist von seinem Frieden erfüllt" (Hebräer 12,4-11).

Diese Worte klingen befremdlich für unsere Ohren im 21. Jahrhundert und diese Bibelstelle ist definitiv keine meiner Lieblingsstellen! Wenn wir so etwas lesen, neigen wir dazu, uns Gott als miesepetrigen Zuchtmeister vorzustellen, der uns keinen Spaß gönnt, enge Grenzen zieht und mit einer Rute in der Hand darüber wacht, ob wir seine Gebote einhalten.

Dabei vergessen wir, dass Gott kein Zuchtmeister, sondern unser liebender Vater ist. Sein Motiv ist nicht Strenge und Bestrafung, sondern Liebe. Gott ist heilig und er bereitet uns auf die Rückkehr in seine heilige Gegenwart in einer neuen Welt ohne Sünde vor.

Wir haben so lange in einer gefallenen Welt gelebt und sind so lange von ihr geprägt worden, dass wir Gottes Werte ganz neu entdecken müssen. Er hilft uns, sie schätzen zu lernen und sie von den zerstörerischen Imitationen Satans unterscheiden zu können.

Hierzu ein Beispiel: Satan reduziert Gottes Geschenk einer Körper, Seele und Geist umfassenden Liebe und lebenslangen Verbindung zwischen zwei Menschen auf One-Night-Stands mit wechselnden Partnern oder unverbindliche Beziehungen zu einem „Lebensabschnittspartner", bei dem ich nur so lange bleibe, wie er mir optisch gefällt und zu meinem Glück beiträgt. Satan schafft es, uns einzureden, dass die Vorstellung von einer Ehe, die ein Leben lang hält, aus einem alten Jahrhundert stamme, dass sie eigentlich nie wirklich funktioniert habe und der Ehebund im besten Fall eine gute „Zweckgemeinschaft" sei. Er will uns glauben machen, es sei besser, sich zu trennen, wenn in dieser Zweckgemeinschaft irgendwann der Frust die Vorteile zunichtegemacht und sich der Alltag eingeschlichen hat. Satan versklavt uns in einer Gedankenwelt von „Leistung" und „Gegenleistung" und der permanenten Angst, zu kurz zu kommen. Ganz anders Gott. Gott liebt uns ohne Vorleistung und ohne Gegenleistung. Und er lehrt uns, dass auch wir so lieben können. Gott zeigt uns, dass Liebe langmütig und freundlich ist, nicht das Ihre sucht, das Böse nicht nachträgt, alles glaubt, alles hofft und niemals aufhört (vgl. 1. Korinther 13,4-8).

Wer würde nicht gern mit dieser Art von Liebe geliebt werden, von seinem Partner angenommen und bei ihm geborgen bleiben, auch in den sogenannten „schlechten Tagen", und dabei die gemeinsame Hoffnung haben, irgendwann auch wieder gute Tage zu erleben! Bin ich auch selbst bereit, so zu lieben?

Ich denke nicht, dass wir aus uns selbst heraus so lieben können, aber ich glaube fest daran, dass wir uns in den mühsameren Tagen eine solche Liebe füreinander immer wieder neu von Gott schenken lassen können.

Mit der von Gott geschenkten Liebe kann ich auch dann an der Seite meines Partners bleiben, wenn er durch Krankheit oder andere Umstände schlecht gelaunt oder abweisend in Sackgassen steckt. Während ich mich nach weltlichen Maßstäben angeblich „selbst verliere" und „viel zu kurz" komme, werde ich in Wahrheit beschenkt, weil ich mich an Gott wende und ihm im Gebet begegnen kann. Ich kann ihm mein enttäuschtes und vereinsamtes Herz hinhalten und ihn bitten, mich mit seiner Liebe zu umarmen. Wenn ich mein Glück nicht in meinem Partner suche, sondern aus meiner engen Beziehung zu Gott schöpfe, wird Gott mir aus seinem Reichtum geben, was mir fehlt, um mich geliebt zu fühlen und „selbstlos" lieben zu können, sodass ich Durststrecken in meiner Partnerschaft durchhalten kann. Wenn ich von Gott erfüllt bin, komme ich dabei auch nicht zu kurz.

Unser Ego zu bekämpfen, die Lügen in unserem Kopf zu entlarven und falsche Werte abzulegen ist ein langer Prozess, der mit viel Enttäuschung, Leid und Schmerzen verbunden sein kann. Doch diese Form von Leid ist Teil der Verwandlung in den „neuen Menschen", der Jesus immer ähnlicher wird.

Für uns alle dauert es lange, bis wir das, was wir Sonntag für Sonntag singen und dem wir vom Kopf her längst zugestimmt haben, auch wirklich glauben und leben: dass wir von Gott *geliebt* sind – geliebt von *Gott*!

Persönliche Krisen können deshalb dazu führen, diese Aussage für uns neu durchzubuchstabieren, bis sie auch wirklich in unserem Herzen angekommen ist. Und nur dann sind wir wirklich frei, das bedeutet: Unsere Freude und unser Friede sind unabhängig von unseren jeweiligen Umständen. Unser Herz ist von Gott erfüllt, sodass wir keiner „Gegenleistung" von Menschen mehr bedürfen.

So weit das Beispiel, um zu erklären, warum Gott uns „erzieht" und warum dies ein langer und schmerzvoller Weg sein kann, bis wir aus Lügen und Enttäuschungen herausgeführt werden.

Vermutlich werden wir nie so von Gott erfüllt leben und selbstlos lieben können, wie Jesus es uns vorgelebt hat. Und doch haben wir eine *übernatürliche* Quelle der Liebe in Gott, die wir immer wieder anzapfen können.

Worunter wir leiden, ist oft eine Folge unserer weltlichen Denk- und Verhaltensmuster – vor allem dann, wenn wir unser

Ego um jeden Preis durchdrücken wollen, auch als Christen. Manchmal deckt Gott uns durch Leid Sünde auf – entweder weil wir durch unser sündiges Verhalten selbst Schmerz und Leid ausgelöst haben oder weil wir erst im Leid bereit sind, Gott überhaupt zu fragen, ob es etwas in unserem Leben gibt, das ihm nicht gefällt.

Leid macht uns demütiger, gehorsamer, dankbarer, geduldiger und barmherziger. Wir lernen immer mehr, was es heißt, aus der Gnade zu leben, und gestehen anderen den gleichen Lernprozess zu, statt Vollkommenheit von ihnen zu erwarten.

Natürlich kann man sich jetzt fragen: Könnte das alles nicht einfach der Heilige Geist in mir bewirken? Braucht es dazu wirklich eine so drastische „Erziehungsmaßnahme" wie Leid? Ganz bestimmt könnte er das, aber leider scheinen wir oft ziemlich resistent gegen seinen guten Rat zu sein und stattdessen in vielen unserer alten Denk- und Verhaltensmuster zu verharren. Wir wissen und finden es großartig, wie Jesus gelebt hat, aber es ist ein langer Prozess, ihm wirklich ähnlich zu werden. Dazu gehören manchmal auch Leiderfahrungen, die uns aus unserem täglichen Trott herausreißen. Wir müssen erst lernen, so zu lieben, wie Jesus liebt, so auf Gott, den Vater, zu hören und danach zu handeln, wie Jesus in seinem Erdenleben auf seinen Vater hörte und ihm gehorchte.

Durch so manches Leid hilft Gott uns dabei, unsere Werte und das, was wir über ihn und seine unsichtbare Welt wissen, neu zu überdenken, mit anderen Augen zu sehen, tiefer zu lieben und uns so immer mehr auf ihn und seine neue Welt zu freuen.

Warum muss ein Christ leiden? – Zusammenfassung:

Wir leben auch als Christen in einer gefallenen Welt. Manchmal weist Gott uns durch Leid auf ein Fehlverhalten oder eine Sünde hin, damit wir umkehren und wieder in einer erneuerten Beziehung mit ihm leben können. Trotz seiner Vergebung hebt er nicht immer alle Folgen unseres Fehlverhaltens auf. Oft liegt die Ursache für unser Leid aber nicht in unserer Schuld. Satan hat verlangt, uns sieben zu dürfen wie den Weizen, aber dennoch gilt:

- Gott liebt mich und nichts kann mich von ihm trennen.
- Er ist bei mir im Leid und schafft mit der Versuchung auch ihr Ende.
- Gott stellt mir im Leid die Vertrauensfrage.
- Er lässt mir auch leidvolle Erfahrungen zum Besten dienen.
- Im Leid wird mein Glaube nur scheinbar geschwächt, aber Gott sorgt dafür, dass mein Glaube kostbarer als Gold durch Leid hervorgeht und ich umso tiefer mit ihm verbunden bin.

Gott lässt zu, dass wir auch als Christen leiden, um sich uns tiefer zu offenbaren und uns immer mehr in das Bild seines Sohnes zu verwandeln. Wir lernen immer mehr, seine Sicht der Dinge und seine Werte zu übernehmen und werden so auf das Leben in seiner Herrlichkeit vorbereitet.

Literaturliste

Carothers, Merlin: *Leben in neuen Dimensionen*. ASAPH Verlag, Lüdenscheid, 4. Auflage 2013.

Omartian, Stormie: *Das Gebet, das alles verändert. Gott loben macht stark.* R. Brockhaus Verlag im SCM Verlag, Witten, 2. Gesamtauflage 2008.

Payne, Leanne: *Heilende Gegenwart. Heilung des Zerbochenen durch Gottes Liebe.* ASAPH Verlag, Lüdenscheid 2004.

Danksagung

Ich danke meinem himmlischen Vater, meinem König und Herrn Jesus Christus und dem Heiligen Geist. Du hast mir mein Leben und deine Liebe geschenkt. Du hast mich begleitet, als ich dich noch nicht kannte, du hast dich mir immer wieder offenbart und bist niemals von meiner Seite gewichen. Du hältst alles, was du versprichst, du beschenkst mich mit deiner Gegenwart. Und du hast mir immer wieder Mut gemacht und mir dabei geholfen, dieses Buch zu schreiben. Ich preise mit allem, was in mir ist, deinen heiligen, wunderbaren Namen.

Ich danke meinem Mann Matthias, meiner Tochter Rebecca und meinem Sohn Johannes. Ihr habt mich ermutigt, meine Geschichte mit Gott aufzuschreiben, ihr habt für mich gebetet und mich angespornt, nicht aufzugeben. Ihr seid voller Liebe in allen Höhen und Tiefen an meiner Seite, und es ist eine große Freude, gemeinsam mit euch durch dieses Leben zu gehen. Ich danke euch sehr!

Ich danke meinen Geschwistern Ilona und Martin. Meine Geschichte ist über große Strecken auch unsere gemeinsame Geschichte. In allen schweren Zeiten ist auf euch absolut Verlass, in allen guten Zeiten die Freude doppelt so groß, weil wir zusammen lachen können.

Ich danke den „Women of fire", meinen unfassbar powervollen Beterinnen Christiane, Miri, Lore, Laura, Gina, Kirsten, Rahel, Conne, Birgit und Verena. Wie dankbar bin ich euch dafür, dass ihr für dieses Buch gebetet und mir beständig versichert habt, wie sehr ihr euch darauf freut – ohne eure Ermutigung wäre es vielleicht nicht fertig geworden.

Ich danke Tina und Jenny, die uns unvergessliche „Colourbird"-Abende geschenkt haben. Ihr habt uns alle dazu inspiriert, für unseren Gott aufzustehen und von seiner Liebe zu erzählen. Danke, Tina, dass du für dieses Buch gebetet und mir versichert hast, dass es wichtig ist.

Ich danke meinen Freundinnen und Gebetspartnerinnen Christine, Angelika und Nana. Danke, dass ich alles mit euch teilen kann und Gott mich durch eure Fürbitte stärkt und aufrichtet. Welcher Segen durch eure Gebete in mein Leben geflossen ist, werden wir erst im Himmel ganz erkennen!

Ich danke meiner Freundin Andrea. Du bist meine Gefährtin, fast so lange ich denken kann, und bringst immer große Ermutigung, Leichtigkeit und Fröhlichkeit in mein Leben.

Ich danke meiner „Allwetterfreundin" Carmen. Unsere Wanderungen durch Waldkathedralen und zu stillen Ufern sind ein Schatz für meine Seele. Deine pragmatische Sichtweise der Dinge erdet mich und mit deiner humorvollen Art bringst du mich immer zum Lachen.

Ich danke meinem Hauskreis, Horst, Helga, Damaris, Jörg, Andrea, Klaus, Hildegard und Ute. Ihr habt mich in vielen Krisen mit euren Gebeten begleitet. Lobpreis ist ein wunderbarer Schlüssel zu Gottes Gegenwart und treue Fürbitte ein fester Rückhalt, mit dem man jede Krise durchstehen kann.

Auch meiner Gemeinde in Wiedenest, den Mitarbeitern im Forum Wiedenest und meiner Gemeinde in Berlin danke ich für ihren schützenden Beistand im Gebet während meiner schweren Zeiten.

Sehr herzlich danke ich allen Mitarbeitern des Gerth Medien Verlages für die Verwirklichung dieses Buches. Ganz besonders danke ich Désirée Gudelius, meiner Lektorin, für die exzellente strukturelle und sprachliche Überarbeitung meines Buches. Aufgrund deiner einfühlsamen und wertvollen Vorschläge, Fragen und Kommentare konnte ich einige wichtige inhaltliche Ergänzungen vornehmen. Durch dein großes persönliches Engagement für dieses Buch hast du mich sehr ermutigt!

Vom Bewunderer zum Nachfolger

„Zücken Sie Ihren Textmarker. Hier geht es um den Kern des christlichen Glaubens. Ein prägnantes, sympathisches und unwiderstehliches Buch!"

Lee Strobel

Das Wörterbuch beschreibt einen Fan als *„leidenschaftlichen Bewunderer"*. So gesehen hat Jesus eine ganze Menge Fans. Ein regelmäßiger Gottesdienstbesuch, ein mitgesprochenes Gebet oder der Autoaufkleber mit christlicher Botschaft sollen Ausdruck dafür sein. Aber Jesus geht es nicht um Bewunderer. Er wollte keinen Fanclub.

Was bedeutet es wirklich, Christ zu sein? Nehmen Sie die Herausforderung an und werfen Sie einen ehrlichen Blick auf Ihr Glaubensleben. Vielleicht klingt Gottes Aufruf nach konsequenter Nachfolge zu radikal. Doch Jesus wünscht sich genau das von jedem Christen.

Kyle Idleman • not a fan.
Gebunden • 288 Seiten • ISBN 978-3-86591-745-4

© 2019 by Gerth Medien GmbH, Dillerberg 1, 35614 Asslar
Wenn nicht anders angegeben, wurden die Bibelstellen der folgenden Übersetzung
entnommen:
Hoffnung für alle*, Copyright © 1983, 1996, 2002, 2015 by Biblica Inc.*. Verwendet mit
freundlicher Genehmigung von Fontis – Brunnen Basel. Alle weiteren Rechte weltweit
vorbehalten.
Außerdem verwendet wurden folgende Bibelübersetzungen:
Lutherbibel, revidierter Text 1975, © 1999 Deutsche Bibelgesellschaft, Stuttgart
Lutherbibel, revidierter Text 2017, © 2016 Deutsche Bibelgesellschaft, Stuttgart

1. Auflage 2019
Bestell-Nr. 817610
ISBN 978-3-95734-610-0
Umschlaggestaltung: Hanni Plato
Umschlagfoto: sunso7butterfly/shutterstock
Satz: Vornehm Mediengestaltung, München
Druck und Verarbeitung: GGP Media GmbH, Pößneck
Nachdruck, auch auszugsweise, nur mit Genehmigung des Verlages.
Printed in Germany

www.gerth.de